El Misterio del Terrazo

Por el espíritu
António Carlos

Psicografía de
VERA LÚCIA MARINZECK DE CARVALHO

Traducción al Español:
J.Thomas Saldias, MSc.
Trujillo, Perú, Marzo, 2023

Título Original en Portugués:
"O mistério do sobrado"
© Vera Lúcia Marinzeck de Carvalho, 2001

World Spiritist Institute
Houston, Texas, USA
E–mail: contact@worldspiritistinstitute.org

De la Médium

Vera Lúcia Marinzeck de Carvalho (São Sebastião do Paraíso, 21 de octubre –) es una médium espírita brasileña.

Desde pequeña se dio cuenta de su mediumnidad, en forma de clarividencia. Un vecino le prestó la primera obra espírita que leyó, *"El Libro de los Espíritus"*, de Allan Kardec. Comenzó a seguir la Doctrina Espírita en 1975.

Recibe obras dictadas por los espíritus Patrícia, Rosângela, Jussara y Antônio Carlos, con quienes comenzó en psicografía, practicando durante nueve años hasta el lanzamiento de su primer trabajo en 1990.

El libro "Violetas na Janela", del espíritu Patrícia, publicado en 1993, se ha convertido en un éxito de ventas en el Brasil con más de 2 millones de copias vendidas habiendo sido traducido al inglés, español, francés y alemán, a través del World Spiritist Institute.

Del Traductor

Jesús Thomas Saldias, MSc., nació en Trujillo, Perú.

Desde los años 80s conoció la doctrina espírita gracias a su estadía en Brasil donde tuvo oportunidad de interactuar a través de médiums con el Dr. Napoleón Rodriguez Laureano, quien se convirtió en su mentor y guía espiritual.

Posteriormente se mudó al Estado de Texas, en los Estados Unidos y se graduó en la carrera de Zootecnia en la Universidad de Texas A&M. Obtuvo también su Maestría en Ciencias de Fauna Silvestre siguiendo sus estudios de Doctorado en la misma universidad.

Terminada su carrera académica, estableció la empresa *Global Specialized Consultants LLC* a través de la cual promovió el Uso Sostenible de Recursos Naturales a través de Latino América y luego fue partícipe de la formación del **World Spiritist Institute**, registrado en el Estado de Texas como una ONG sin fines de lucro con la finalidad de promover la divulgación de la doctrina espírita.

Actualmente se encuentra trabajando desde Perú en la traducción de libros de varios médiums y espíritus del portugués al español, habiendo traducido más de 200 títulos, así como conduciendo el programa "La Hora de los Espíritus."

Índice

1.- Los Desaparecidos 7
2.- El crimen del Terrazo 18
3.- En el Umbral 31
4.- Suellen y Eleocácio 45
5.- Benedicto y María Gorete 58
6.- Ademir y Armando 72
7.- Zefa 87
8.- Delegado Casio 96
9.- El ex Esclavo 108
10.- Los planes 122
11.- Mary 138
12.- Orientando 151
13.- Caminando 166

Son muchos los desencarnados que vienen a mí para contar su historia, y por estas narraciones he hecho los libros. Les doy las gracias y les dedico este trabajo. Un agradecimiento especial a mi amiga María, quien narró ésta.

Antônio Carlos

Primeros meses de 2001.

1.-
Los Desaparecidos

Iva estaba inquieta; sentada en el sofá de su sala de estar, tratando de concentrarse en leer una revista. "¿Dónde está Eleocácio hasta esta hora? ¿Y con quién estará? ¿Cómo será esa mujer? ¿Joven? ¿Bonita? No debería pensar en eso ni atormentarme con celos. Pero nunca llegó tan tarde. ¿Le habrá pasado algo?"

En esto llegó el hijo e Iva pronto dijo:

— Tu padre aun no ha llegado, no suele llegar tarde así, dijo que iba a estar en casa a las ocho en punto y ya son las diez y diez minutos.

— Tal vez se quedó en el foro — respondió el joven calmadamente.

— Sabes que está cerrado a esta hora. Estoy preocupado por él. Su profesión hace que tenga enemigos y nunca se demoró sin avisar.

— ¿Por qué no llamas al foro, a sus colegas? — Opinó el hijo, despreocupado.

Y eso es lo que hizo Iva, durante diez minutos llamó a mucha gente y nadie sabía del juez Eleocácio.

En eso llegó la hija, era una joven bonita. Había ido a una fiesta; al ver a su madre preocupada le preguntó, y cuando se enteró que su padre todavía no había llegado, comenzó a llorar, dejando a la madre aun más angustiada.

– Mamá, ¿le pasó algo malo a papá?

Estoy recordando el sueño que tuve con él la semana pasada en el que lo vi muerto en un charco de sangre. Le dije, y se rio y me dijo que soñar con una persona moribunda es salud para ellos. Me impresionó, pero lo olvidé, ahora estoy recordando e incluso tengo la piel de gallina. ¿Será que le pasó algo a papá?

– No debes pensar en lo peor – dijo el muchacho.

Seguro que dentro de poco llega.

– Papá nunca llega tarda sin avisar – dijo la joven.

– Tenemos que tomar medidas.

– Por favor, hijo mío, ve a la comisaría, a veces hay un accidente, un robo, buscar saber de él y denuncia su desaparición – pidió Iva.

– ¿Realmente se necesita mamá?

.Al ver a su madre y hermana preocupadas, decidió ir.

Llegando a la comisaría, indeciso, se identificó y habló con el comisario:

– Mi mamá está preocupada, mi papá no vino a casa, siempre es puntual y nunca llega tarde. Dijo que iba a estar aquí a las ocho y aun no ha regresado. Pensamos en un accidente, que se sentía mal...

– No hubo ningún accidente – respondió el comisario Casio –. Hoy es viernes, tal vez haya estado conversando con amigos, se fue a algún lugar y se olvidó de avisar.

– Mi madre ya llamó a todos sus amigos, y le dijeron que se fue a la hora habitual y parecía normal.

– Vamos a echar un vistazo, aunque son solo unas horas para que se considere desaparecido. No te preocupes por eso. Si vuelve háganoslo saber, y si sabemos de él te lo haremos saber.

El hijo del juez se fue y un investigador comentó:

– Este juez Eleocácio es un mujeriego, siempre está involucrado con amantes. Actualmente ha estado saliendo con una chica muy bonita, quizás está con ella.

– ¿Sabes el nombre y la dirección de esta chica?

– Su nombre es Suellen y sé dónde vive – respondió el investigador.

– Vamos, que si encontramos al juez, le pediremos que llame a la familia – pidió el comisario.

Suellen vivía en un complejo de viviendas, en un apartamento pequeño. Llamaron a la puerta y la vecina fue a ver, extrañándose de ver a la policía.

– Estamos buscando a Suellen – dijo el comisario –. ¿Sabes si ella está en casa?

– No está, salió toda arreglada. Pero, ¿por qué la están buscando, ella hizo algo? – Preguntó la vecina, asustada.

– No, señora, ella no hizo nada malo – respondió el comisario tranquilamente –. Solo queríamos algo de información: si ella sabe de una persona. ¿Sabe si ella se va a demorar?

– No lo sé, señor – respondió la mujer –. Suellen no tiene hora para llegar a casa, incluso puede que haya viajado, pasa el fin de semana en alguna parte. Ya sabes, ahora tiene un amante importante. No sé quién es, pero tiene dinero, le ha estado dando regalos caros.

– Eso es todo, señora, gracias por la información – dijo el comisario, despidiéndose.

– ¿Quieres dejarle un mensaje? – Preguntó la vecina.

El lacónico hombre de la ley no respondió. Y se fueron.

– Ha estado dándole dinero para ella. ¿Es rico este juez? – Preguntó el comisario.

– Creo que se mantiene con su salario – respondió el investigador.

– Tal vez no sea así. Bueno, no nos preocupemos por la pareja de amantes. Todo indica que salieron a caminar juntos.

Y se olvidaron del asunto, porque tenía mucho trabajo y el viernes en la noche siempre aumentaban las ocurrencias.

Iva pasó la noche en vela y sin noticias. El sábado por la tarde habló tanto que su hijo regresó a la comisaría.

El comisario Casio lo atendió.

– Comisario, por favor, estamos preocupados por mi padre, él es juez y ustedes necesitan tomar medidas. No nos prestó atención o nos dio noticias.

– No es nuestro caso. Lo investigamos anoche y no pudimos encontrarlo. Debo decirte que tu padre tiene una amante y que esta no fue encontrada. Todo indica que estaban ausentes juntos – respondió el comisario.

– ¿Crees que los dos están juntos? ¿Viajando? –Preguntó el hijo, avergonzado.

– Eso es lo que hemos concluido. El juez conducía, este no fue encontrado ni visto, no hubo accidente, asalto, nada que podría ser capaz de causar preocupación. Lamento decirlo, pero tu padre debe haber salido a caminar con su amante y no les avisó.

El joven se avergonzó, se despidió con un asentimiento y regresó a casa. Entró, se sentó junto a su madre y dijo:

– En la comisaría creen que papá viajó. Lamento decirte esto, madre, pero llegaron a la conclusión que fue a algún lugar con su amante, porque ella también se fue, desapareció. No pudieron encontrar el auto de papá en ninguna parte de la ciudad.

– Sé que está viendo a una mujer. Siempre me ha traicionado – dijo Iva, suspirando –. Soy una tonta al preocuparme por él.

Pero no creo que haya hecho eso, viajar. Eleocácio sabe que soy preocupada y tiene un nombre que cuidar.

– Mamá, no creo que sea prudente que haya ido a la estación. Papá estará aquí el lunes, se disculpará y listo, todo estará bien, otra vez. Eso si no decidió abandonarnos para quedarse con esa mujer.

– ¿La conoces? – Preguntó Iva.

– No, ni quiero conocerla. Esperemos, y no quiero verte más preocupada. No te lo mereces – dijo su hijo.

– Tú no te lo mereces, pero yo sí. Siento que algo malo ha sucedido. Pero voy a trata de hacer lo que me pides, esperemos las noticias con calma.

La hija escuchó todo y habló, sintiendo:

– No sé por qué actúa así y te traiciona. Lo amo mucho, es un buen padre. Y tienes razón en estar preocupada, pero creo que el comisario y mi hermano tienen razón, debe estar tan involucrado con esa mujer y se fue con ella a algún lugar y se olvidó de nosotros. No iba a salir, pero pensé: voy al cine con mis amigos. Y no voy a comentar sobre la desaparición de nadie.
Me avergüenza decir que salió con su amante.

Iva estuvo de acuerdo, pero en el fondo algo le dijo que algo había sucedido, pero, para no preocupar a los hijos, estaba callada.

Y el sábado por la noche, el comisario Casio atendió a una dama con dos hijos.

– Hemos venido a denunciar la desaparición de mi marido, padre de mis hijos. Salió ayer por la tarde con su jefe, nos dijo que iba a hacer un trabajo y que volvería como máximo a las once y hasta ahora no hemos sabido nada de él.

– ¿No buscaron a su jefe? – Preguntó el comisario educadamente.

– Por supuesto que sí. Primero fuimos al lugar de su trabajo, estaba cerrado porque no trabajan los sábados. También buscamos a sus compañeros de servicio y nadie sabe de él. Fuimos a la casa del señor Armando, el caballero para el que trabaja mi esposo, y él también está desaparecido.

– No hemos recibido ninguna queja de ellos de la familia del Sr. Armando – dijo el comisario.

– A su esposa ni siquiera le importó la desaparición de su esposo, nos dijo que suele hacer eso. Todavía lo maldecía como un farrista, que debe haber ido a alguna fiesta y, por lo tanto, aun no ha regresado.

– El señor Armando puede ser, pero mi Ademir no es de eso, no se habría ido, no ausentarse sin previo aviso.

– Señora –dijo el comisario– no hubo nada violento en estas últimas horas en nuestra ciudad. Sin accidentes, sin robos, nada que debería preocuparla. Tal vez fue con su jefe a algún lugar para divertirse, se han divertido mucho y, ya sabes, se olvidaron. Debe volver pronto. Siempre hay una primera vez... – acompañó al jefe, le gustó.
No debes preocuparte.

La mujer se puso roja, no dijo nada más, salió tirando de la prole. El comisario comentó:

– Todo está aquí. Este fin de semana son los maridos farristas. Se están divirtiendo y las pobres mujeres siguen preocupadas.

La esposa de Ademir salió de la comisaría indignada, habló nerviosa para los niños:

– Todavía tengo que escuchar ironías del comisario. Pero este profesional debes saber lo que estás hablando. Ademir debe haber ido de juerga con el Sr. Armando, debe haberlo disfrutado y se quedó. ¡Voy a separarme de él!
Ya no lo voy a dejar entrar en la casa.

– Menos mal que no pasó nada... – uno de ellos dijo, pero no completó, porque su madre lo miraba feo.

Trataron de calmar a la madre. Pensaron que tenía razón en enfadarse. Estaban preocupados por el padre, y todo indicaba que estaba con el Sr. Armando en algún lugar divirtiéndose.

La esposa de Armando, Magali, se preparaba el sábado para ir a una fiesta. Tampoco le importaba que su marido no hubiera dormido en casa ni siquiera si había llegado todavía. Solía hacer esto: salía siempre con amigos los viernes por la noche. Debería haber ido a alguna fiesta, o estar con alguna mujer. A ella no le importaba, no sufrió más por ello. No importaba ni siquiera cuando los dos niños de Ademir, el auxiliar de Armando vinieron a buscarlo.

– No te preocupes – dijo Magali –. Si Ademir se fue con Armando debe estar bien. No se han ido, están en algún lugar y, por lo que sé de mi marido, el lunes estará de regreso.

Y, como era su costumbre, hablaban unos adjetivos peyorativos, y los dos jóvenes se asustaron. Magali estaba murmurando:

– Ese vagabundo debe estar de vuelta para la fiesta de esta noche, quería tanto ir.

Pero Armando no regresó, y Magali fue sola a la fiesta y dio mil disculpas a quienes le preguntaron: "Armando tuvo que viajar, negocios urgentes, tenía muchas ganas de venir, pero desafortunadamente no pudo evitar trabajar. Sabes lo útil que es y ocupado..."

Y disfrutó de la fiesta, yendo a dormir al amanecer.

Se despertó tarde el domingo y ni ella ni sus hijos se preocuparon por Armando. Magali no quería buscarlo, y la comisaría sería el último lugar al que iría.

En un pequeño bar al borde de la carretera, no muy lejos de la ciudad, Celio estaba preocupado. Era un empleado y sus empleadores se habían ido.

– "¿Qué hago? – se quejó –. ¿A dónde fueron que no dan noticia?

Nunca antes habían hecho esto. Me lo habrían dicho si iban a demorar un tiempo. No habría dejado todo aquí así. Anoche me desplegué y todo salió bien, pero hoy es sábado, día del movimiento."

El lugar era discreto. A unos 200 metros de la carretera municipal, había un camino de tierra y estaba el bar.

No estaba oculto, pero muchos árboles le impedían ver el resto del edificio, que eran habitaciones de reuniones. Celio se preocupaba por las chicas, solo sin él era difícil controlarlas. Temían a la Sra. María Gorete, la patrona.

Fue entonces cuando sonó el teléfono y él respondió. Una voz que no se hizo definida si era hombre o mujer le dio la noticia.

– ¡Tus jefes han sido arrestados! Te haré saber que la policía estará allí pronto.

– ¿Quién es? ¡Por favor, identifícate! ¡Hola! ¿Quién es? – Celio gritó.

La persona no dijo nada más y colgó.

– ¿Qué hacer? – se quejó Celio –. ¿Será verdad? ¿La señora María Gorete y el Sr. Benedicto fueron arrestados? Se habían ido, pronto la policía estará aquí, y si encuentran pruebas, las cosas se complicarán y me quedará a mí. No quiero ir a la cárcel. ¿Evidencia? ¡Son las chicas!

Celio inquieto, caminaba de lado a lado sin saber qué hacer.

– ¿Me deshago de la evidencia o no? Si están en la cárcel, terminarán hablando, y si la policía viene aquí y no encuentra nada, no pueden acusarlos. No voy a sentarme aquí y esperar. Voy a sacar el dinero que está en la caja, darle un poco a las chicas, déjalas a ellas y esconderme. ¡Eso es todo!

Suspiró aliviado por la decisión. Abrió el cajón de la caja, tomó todo el dinero, no era mucho, el resto debería estar bien escondido, no sabía dónde, pero que uno debía dar. Fue apresurado a la parte posterior del inmueble, cruzó un pasillo con habitaciones a ambos lados y se detuvo frente a una cerrada con candado. La abrió. No temblaba antes de lo que vio. Dentro de toda la habitación cerrada, con dos pequeñas aberturas de vidrio y rejilla en lo alto, teniendo solo camas y un armario, había cinco chicas. Todo nuevas y hermosas que lo miraban, indiferente.

– Chicas, hemos tenido complicaciones, vas a tener que salir de aquí y rápido. Empaquen sus cosas y salgan de aquí.

– ¿A dónde? ¿Cómo?– preguntó una de ellas.

– Obedece y date la vuelta. Vas sola – dijo Celio.

– ¿Nos estás liberando?

– Nunca estuvieron en la cárcel, no pudieron salir porque estaban debiendo. Pero ahora no importa. Les voy a dar un poco de ayuda para llegar desde aquí. No hablen más, vamos pronto – dijo Celio, autoritario.

–¿Eso es todo?

Pero las demás la miraron y entendieron que era mejor hacer lo que él quería, dejar ese horrible lugar.

– Mientras ustedes sacan sus cosas, voy a hablar con Nico.

Se fue, dejando la puerta abierta.

– ¡No lo puedo creer! ¡Salgamos de aquí! – dijo una joven.

– ¿La policía encontró este lugar? Tal vez sea mejor quedarse y esperar. Ayer no vi a la pareja de verdugos.

– ¿Dónde se habrán ido? – Preguntó otra.

– Será mejor que vayamos y ahora, tomaremos el autobús y luego pensaremos qué hacer, si vamos o no a la policía– dijo una muchacha.

– No tiene sentido ir a la policía, será mejor que nos escapemos.

– Voy a mi casa y nunca me meteré en problemas ni caigo en la conversación del empleo fácil.

Se cambiaban de ropa, tenían marcas de violencia, si no obedecían, eran golpeadas. Sospechosas y asustadas, arreglaron todo rápidamente y se fueron. Fue un alivio estar fuera de la casa; caminaron y se apresuraron por la carretera y se quedó en la parada de autobús, que no tardó un tiempo en pasar. Sin saber a ciencia cierta qué hacer, se detuvieron en el centro de la ciudad. Solo una de ellas era de la región e invitó a la otras a ir a su casa, pero decidieron ir a la estación de tren tan pronto como sea posible e irse a su ciudad y a casa. Eso es lo que hicieron.

Celio, después de liberar a las chicas, salió del edificio y se fue a la parte de atrás, donde estaba la casa de otro empleado.

– Nico, doña María Gorete y el señor Benedicto no han aparecido desde ayer por la tarde. Recibí una extraña llamada telefónica y me dijeron que fueron detenidos. No sé qué podría haberles pasado, tal vez sea información verdadera, o habrían dado noticias. Dejé ir a las chicas, así que si la policía viene aquí, no encontrarán ninguna evidencia.

– ¿Atrapados? Pero pagan por no serlo – respondió Nico, sorprendido.

– Ya sabes, hay muchos policías honestos. El hecho es que se han ido y no voy a quedarme aquí esperando a la policía y ser arrestado
Además. Toma este dinero, tomé el cajero y lo estoy compartiendo contigo. ¿Te vas a quedar aquí?

– Lo haré, mi esposa y yo solo somos de cosecha propia, ni siquiera sabemos, no vimos nada. No hay nada que demuestre que hicimos algo malo. Aunque, entraremos y escondamos todo.

Estoy seguro que pronto volverán los jefes – dijo Nico, confiado.

– Tú eres el que sabe. ¡Estaré allí mismo! – dijo Celio, despidiéndose.

Celio se había ido, pero se mantuvo cerca, y se fue solo el lunes que la policía estaba en el bar. Este empleado estaba preocupado por la desaparición de los jefes no porque les gustaran, sino por el empleo. Ganaba buen dinero y tenía las chicas para sí mismo cuando quería.

Hubo seis que no habían dado noticias suyas desde el viernes. Nadie sigue preocupado por Suellen y Armando. En cuanto a la pareja en el bar, los tres los empleados temían por sí mismos.

La familia de Ademir estaba más herida que preocupada. Los niños querían que su padre regresara pronto para explicar lo que había sucedido. La esposa pensó en su marido farreando y decidió: iba a darle una lección, no lo iba a dejar entrar en la casa.

Preocupada incluso estaba Iva y su hija. Incluso Eleocácio traicionándola, ella lo conocía y sabía que él era incapaz de abandonarlos o actuar imprudentemente, desapareciendo así. Algo debería haber pasado. Había pensado en muchas posibilidades. ¿Sería alguien deseando vengarse que lo secuestraron? Ansiosa, esperó el lunes, porque el comisario Casio les había prometido que si no aparecía el lunes por la mañana, enviaría la orden de registro.

Y pasaron el fin de semana desaparecidos.

2.- El crimen del Terrazo

Maricita venía a trabajar toda feliz como siempre.

Era alegre, amable y risueña. Caminaba a toda prisa; entró en la calle curva. Esta calle era pequeña, se encontraba entre dos principales de la ciudad, haciendo una curva y era estrecha, con muchas casas. Fue nombrado después de un extranjero, al que le era complicado de pronunciar, y todos la conocían por calle curva.

– "No sé por qué darle a un lugar un nombre tan complicado de un persona que nadie conocía ni sabe quién era", pensó Maricita.

– Buenos días, ¿cómo estás?

Y ella iba a saludando a todos.

– "La Sra. Zefa debe estar esperándome o todavía durmiendo", pensó.

Vio la casa adosada. Ella era la sirvienta de la Sra. Zefa, la dueña de la casa, la casa más hermosa de la calle curva. La construcción estaba retirada varios metros, pintada de color beige con rejillas de color gris en el frente. El jardín rodeaba la casa, era bonito, bien cuidado por el jardinero, que venía una vez a la semana. A Maricita le gustaba su trabajo, la Sra. Zefa siempre fue buena, educada, y, aunque la casa era grande, el trabajo no era mucho, porque la señora estaba sola. Estaba distraída y fue despertada de sus pensamientos por la Sra. Lázara, la vecina en el frente.

– ¡Buenos días, Maricita!

*– Buenos días, señora Lázara. ¿Cómo fue la fiesta del viernes?

– Estaba emocionada. Maricita, me preocupa la Sra. Zefa, nadie la vio ayer y la luz en la casa estaba encendida.

Maricita miró y respondió:

– De hecho, lo está. Pero eso no me preocupa, la Sra. Zefa se olvida.

– ¿Sabes si se fue? Traté de llamar, pero parece que el teléfono está descolgado. También llamé, llamé a la puerta y ella no respondió, dijo doña Lázara.

– La señorita Zefa me dijo que estaba pasando el fin de semana en la casa del señor Armando, solo que yo no lo creía, porque la Sra. Magali llamó el viernes por la mañana y no dijo nada, ni mi patrona arregló su ropa para ir. Pensé que hiciste excusas solo para darme un día libre. Pero puede que se haya ido porque lo hace seguido. En cuanto al teléfono, es posible que se haya olvidado descolgado. Y contestar la puerta, ni siempre escucha los toques – respondió Maricita. Miró el buzón y frunció el ceño.

– ¿Qué fue?

– Zefa no recibió el periódico del sábado ni del domingo. Eso nunca lo hace. Mi patrona no deja de leer el periódico por nada. ¿Es que algo pasó? ¿No es mejor llamar a Armando? – Preguntó Maricita, hablando a toda prisa.

Es tan temprano, debe estar dormida. No es bueno molestarla sin tratar de averiguar qué pasó. Entra, tal vez la Sra. Zefa esté bien – dijo la Sra. Lázara.

- Lo voy a hacer. ¿No quieres venir conmigo? – Voy contigo – respondió la vecina.

Maricita abrió la puerta porque tenía la llave, y entraron. Cruzaron el jardín y ella abrió la puerta de la cocina. Miró todo.

– La cocina aparece como la dejé el viernes.

– Subamos las escaleras en las habitaciones, ella podría estar dormida.

– Tal vez ella lo esté – dijo la criada –, a veces se levanta más tarde.

Al llegar a las escaleras Maricita comentó:

– Huele raro aquí.

– Es de la casa cerrada – dijo la señora Lázara.

La escalera terminaba en un pasillo estrecho, un pasillo con las puertas de los cuatro dormitorios.

Maricita fue directamente a la habitación de su patrona, abrió la puerta, la luz estaba encendida.

- Todo está preparado y ella no está aquí - dijo la criada, preocupada.

Tal vez se fue a dormir a otra habitación. Miremos, ven.

Estaban abriendo las puertas de las otras habitaciones y nada más que en una de ellas la cama estaba desordenada.

– Parece que alguien durmió aquí – dijo la Sra. Lázara.

Ciertamente no fue mi patrona, ella no deja la cama así.

- No sé qué está pasando, pero sospecho que ella hay recibido a alguien para dormir en esta cama doble. Pero dejémoslo así.

- Vamos a buscarla. ¡Sra. Zefa! ¡Sra. Zefa! – gritó Maricita.

Bajaron las escaleras.

– Creo que será mejor que llame al Sr. Armando, su sobrino. ¿Quién sabes si la Sra. Zefa no está con él? – Dijo la Sra. Lázara.

- Ella me dijo que iba a salir con él. Tal vez ella se haya ido incluso pasar el fin de semana con los sobrinos. Llamemos – dijo la criada, preocupada.

Intentó abrir la puerta de la habitación donde estaba el teléfono y no pudo.

- ¡Está bloqueada!

La casa adosada tenía tres salas de estar y una gran cocina en la planta baja; esta pequeña salita tenía salida independiente, que daba al garaje.

Esta habitación no está cerrada. No me gusta – comentó Maricita.

– ¿Está ella ahí?

Silencio total, nadie respondió. Ambas se miraron.

- ¿Qué vamos a hacer? – Preguntó la vecina –. Voy a mirar por la ventana. Venga.

Ambas recorrieron a la cocina –. ¿De quiénes son estos coches? – Preguntó Lázara.

- Esto no me está gustando, me metí tan preocupada que no los vi.
Este auto rojo es del Sr. Armando. ¿Qué estará pasando? – Expresó angustiada Maricita.

Maricita tomó una escalera y la colocó en la ventana, donde, en la parte superior, había un espacio de solo vidrio.

Maricita se levantó, miró, dio un grito apagado y ronco, bajó de prisa, cayó al suelo, se acostó en la hierba con los ojos muy abiertos.

- ¿Qué pasó, Maricita? ¿Qué viste? ¿Qué estás sintiendo?– Preguntó doña Lázara, angustiada.

La mujer interpelada no podía hablar, mostró la ventana con la mano.

Doña Lázara decidió subir las escaleras y mirar también.

– ¡Oh, Dios mío! – Gritó la vecina y bajó a toda prisa.

- ¡Voy a llamar a la policía!

- Espera ¡Ayúdame a levantarme! No quiero estar aquí sola – Maricita pudo hablar.

Las dos salieron corriendo y al llegar a la calle comenzaron a gritar, y los vecinos que estaban en casa corrieron hacia ellos. Aterradas hablaron rápido, confundidas, y nadie entendió. Hasta que un señor gritó más fuerte que ellas:

¡Calma! ¡Cállense! Dime, Lázara, despacio para que entendamos.

–La Sra. Zefa dejó la luz de sal encendida durante el día, llamé, pero el teléfono estaba descolgado, no la vi y ella no respondió cuando la llamé. Cuando Maricita llegó hoy, le dije de mis preocupaciones y me pidió que entráramos juntas a la casa. No pudimos encontrarla en ninguna parte y luego decidimos llamar a Armando, pero la habitación estaba bloqueada. Subimos por el lado de afuera, en las escaleras, para espiar a través de la ventana y ver lo que estaba pasando en el interior. ¡Oh, qué horror! Hay una confusión, gente caída, ensangrentada. Hay muchos de ellos. ¡Horrible!

– ¿Está ahí la Sra. Zefa?

– La vi – respondió Maricita llorando – y parece que el señor Armando también está.

– Nadie entra en la casa, voy a llamar a la policía – dijo.

Estaba aumentando el número de personas que querían saber qué estaba sucediendo. Pero nadie entró y vino la policía. El comisario Casio llegó y preguntó:

- ¿Qué está pasando aquí?

Todos comenzaron a hablar y pronto se callaron, y el señor explicó:

– ¿Mucha gente muerta? – Preguntó el comisario, dudando.

- Fue lo que dijeron que vieron – dijo el señor.

- Vamos a entrar – dijo el comisario a sus compañeros.

Él y dos investigadores irrumpieron en la casa, no tocaron nada, vieron la habitación cerrada e hicieron como ellas, subieron la escalera para espiar.

– ¡No es que las mujeres tengan razón! Un crimen bárbaro, muchas personas encerradas aquí - dijo un investigador.

– Pide respaldo, abramos la puerta, tal vez haya alguien herido – dijo el comisario.

Uno de los investigadores abrió la puerta con su manojo de llaves y allí había: siete personas caídas ensangrentadas. El comisario Casio los examinó rápidamente y concluyó:

- ¡Todos muertos! Llama a la criada y a la otra mujer aquí.

Tenían miedo. El comisario preguntó:

– ¿Sabes quiénes son estas personas?

Maricita dejó de llorar para responder:

– Esta es la señorita Zefa, mi patrona, la dueña de la casa, y esta es el señor Armando, su sobrino, el resto no sé quiénes son...

Lázara también solo conocía a los dos. Se fueron, y uno de los investigadores dijo:

– Comisario Casio, estamos ante un crimen bárbaro y un grave problema. ¡Siete cadáveres! Esta es Suellen, la amante del juez, la conozco. ¿Y este no es él?

– Sí – respondió el comisario, gruñón - ¿Qué hacen ambos aquí?

– Si este es Armando, ¿no es este Ademir, el que su familia fue a buscar? ¿Y estos dos no son la pareja a la que íbamos a observar, que tienen aquel prostíbulo? - Preguntó el investigador.

- Parece que sí - respondió Casio suspirando.

- Deben haber sido asesinados el viernes, pero ¿por qué? ¿Quién hizo esto? ¿Por qué aparentemente las personas que no tienen nada que ver entre sí serían asesinadas juntas? ¿Por qué estabas aquí en esta casa cuyo dueño es una buena persona?

– Les dispararon dos disparos en cada uno, en el pecho, apuntando al corazón.

La persona que le disparó, el asesino, tiene un buen disparo.

- ¿Cómo es que los vecinos no escucharon? – Preguntó el investigador.

– Los vecinos comentaron que el viernes hubo una fiesta de junio en el calle de arriba. Además de dispararles a todos ellos, reventaron muchos fuegos artificiales. El ruido de los disparos fue confundido. si alguien los escuchaba.

Llegaron otros agentes, la policía técnica, fotografiaron, tomaron huella dactilares, escucharon a la gente y nadie podía ayudar.

Maricita lloró, sentida.

- ¿Quién hizo esto, Dios mío? La Sra. Zefa era buena, le gustaba a todos, estaba últimamente un poco perturbada, lo ha estado desde que su hija falleció. Era una persona encantadora, nunca encontraré una patrona como ella. Me pregunto qué estaban haciendo estas personas aquí.

- Eso es lo que el comisario Casio quería saber.

Los cuerpos fueron al hospital, a la morgue. Los miembros de la familia fueron llamados para el reconocimiento.

Iva llegó con sus dos hijos, reconoció a Eleocácio. Madre e hija estaban angustiadas. La esposa del juez le dijo al comisario:

- ¿Por qué está muerto? ¿Fue asesinado? Ahora, sin duda, el Sr. Comisario investigará, ¿no? Nos dijo que podría haber viajado y estaba aquí en la ciudad, y muerto.

El comisario Casio tragó su saliva para no ser grosero, y la hija dijo:

– ¡La policía no sirve para nada!

– Lo siento, señoras - dijo el comisario. El juez está muerto, así como su amante. No cometí un error cuando juzgué que estaban juntos.

- Entonces qué estaba haciendo en la casa de esta señora, la señora Josefina, conocida como Zefa? ¿Será que alguien se acordaría de buscarlo allí? ¿Sabe si el juez conocía al dueño del terrazo?

- ¡No! Tampoco somos adivinos. La policía hizo lo que pudo. Su cuerpo será liberado, pueden llevárselo.

Iva y su hija lloraron, sintiendo.

- "De hecho - pensó la esposa -, el marido murió con su amante."

Los cuerpos estaban uno al lado del otro. Observó a Suellen, la encontró hermosa, muy adornada, aunque tenía los ojos abiertos, bien abiertos. No podía estar herida ni enojada. Se sentía indiferente.

El hijo estaba callado.

Los entierros tenían que hacerse lo antes posible, el olor ya era desagradable. El hijo del juez contrató una funeraria, que llegó rápidamente e hizo los preparativos. Eleocácio fue velado en una lujosa habitación del velatorio del cementerio local. Asistieron personas importantes, otros jueces, abogados y familiares. Iva lo amaba, pero se sentía humillada, y fue con esfuerzo que soportó los comentarios.

El hijo, apegado a su madre, estaba molesto porque su padre murió con su amante, se sintió avergonzado. La familia se fue a casa aliviada después del funeral, se fue dispuesta a olvidar ese episodio.

– Vamos a viajar en julio, vamos a pasar las vacaciones viajando; y yo estoy dispuesto a cambiar de ciudad. Vivir en el sur con mi familia.

- ¿Qué les parece? – Preguntó Iva a sus hijos.

– Yo quiero, así que no tendré que escuchar los comentarios mezquinos sobre la muerte de mi padre – dijo el hijo.

- Voy a extrañar a papá, lo amaba. Pero quiero olvidar y cambiar. En lugar de viajar, disfrutemos de las vacaciones y hagamos ese cambio - dijo la hija.

Y así lo hicieron, se alejaron y se olvidaron de este mal episodio para ellos.

Suellen fue reconocida por su vecina. La policía avisó a un hermano de ella, que vivía en otra ciudad, y él vino con su madre. Solo llegaron por la noche; el ataúd fue sellado y el reconocimiento tuvo lugar a través de una pantalla de vidrio. Su madre lloró, luego fueron a un hotel y la enterraron el otro día temprano. Hubo pocas personas en el funeral:

Dos amigas, cuatro vecinos, madre y hermano. Después, los dos miembros de la familia fueron a la casa de Suellen, empaquetaron todo, llamaron a un transportista y les ordenó que se llevaran a la ciudad donde vivían. Entregaron la casa al dueño y se fueron.

Tampoco pudieron ayudar al comisario Casio en las investigaciones. Sabían poco de Suellen y, según ellos, era la oveja negra de la familia.

Magali, la esposa de Armando y sus dos hijos vinieron y se quedaron indiferentes, reconocieron el cuerpo y lo llevaron al velorio, enterrándolo horas después. Erica, otra hija suya, de su primer matrimonio, llegó minutos antes del entierro, saludó a los hermanos de lejos. Nadie lloró. Los jóvenes y sus esposas estaban más preocupados por sí mismos. La tía rica también había fallecido, y esperaron heredar su fortuna, pero Armando no les haría falta.

No les importó el misterio que implicaron estos asesinatos, debería haber; sin duda, mucha gente dispuesta a matarlo, y alguien lo hizo, pero para ellos no les importaba quién.

Solo que, cuando la policía registró la casa, el terrazo, encontraron en la mesita de noche de la habitación de doña Zefa una copia de su testamento. Había dejado toda su fortuna a Erica, hija de su sobrino con su primera esposa. Solo dejó una suma, digamos razonable, para su criada de muchos años, Maricita. Además perdonó a todos los que le debían. Y luego supieron que había muchas personas a las que había prestado dinero.

Magali y sus hijos al enterarse del testamento estaban furiosos. Pero no había una manera de cambiar y quedaron arruinados sin siquiera tener un lugar para vivir.

Se mudaron a una casa sencilla en un vecindario lejano.

Los jóvenes, que nunca habían hecho nada, no quería trabajar y se habían involucrado en una situación de riesgo, y uno de ellos fue detenido. Erica los ayudó: lo sacó de la cárcel, les dio una casa para vivir y pagó sus deudas; les advirtió que ya no los iba a ayudar y no lo hizo.

Erica, la heredera de Doña Zefa, nunca imaginó que heredaría la fortuna de la tía abuela. Ella y su madre siempre habían vivido en dificultades. Fueron pocas veces cuando la Sra. Zefa las ayudó. Pero es que no eran conscientes que su tía pensaba que los estaba ayudando: les dio dinero para que su sobrino los enviara, pero Armando nunca lo hizo. Erica, al recibir la fortuna, trató de cuidar bien lo que heredó. El terrazo de la calle curva, escena del bárbaro crimen, fue modificada, pintada de otro color, la saleta transformada. Sacó los muebles de allí y los vendió, después de alquilar la propiedad, que se transformó en una pensión de estudiante. La heredera era acomodada. Ayudó a los hermanos solo que esa vez, no quería que se acostumbraran. No hubo afecto entre ellos, los jóvenes siempre la habían ignorado, despreciándola.

La familia de Ademir lloró mucho. La esposa, arrepentida de haber pensado mal de su marido, imaginándolo en una juerga. Ella y sus hijos desesperados al reconocer el cuerpo. Los miembros de la familia lo lamentaron mucho, para ellos Ademir era una buena persona. Lo llevaron al velatorio, donde hubo desmayos y gritos. Después del entierro, sufriendo mucho, fueron a casa. Su esposa e hijos fueron los únicos que exigieron a la policía, al comisario Casio, una solución. Querían saber por qué fue asesinado y quién lo había hecho.

La pareja, dueña del bar de la carretera, se quedó allí en la morgue; la policía tuvo que recoger a los cuidadores, a la pareja de empleados para reconocer los cuerpos. Nico y su esposa disfrazaron su miedo y trataron de ser rápidos en el reconocimiento. No sabían qué hacer; si enterrar o no a los patrones, les dijeron a los policías que no sabían si tenían parientes. El comisario los liberó y fueron con su personal a registrar el bar. No encontrando la villa fue sellada.

Como no aparecieron parientes, los dos fueron enterrados juntos y nadie fue a su funeral.

La propiedad pertenecía a Benedicto y declaró en sus documentos que era soltero. Y todo fue abandonado. Nico y su esposa buscaron el dinero de los patrones que debía estar oculto y lo encontraron en la habitación de la pareja en un falso fondo del piso. Se fueron con el dinero y se alejaron. La justicia esperó el tiempo corrector para que alguien reclamara el edificio; como nadie lo hizo, por la burocracia se quedó allí sin nadie que lo cuidase. El tiempo y los depredadores lo arruinaron.

Y fue justo después que anunciaron su muerte que tres chicas vinieron a dar quejas de la pareja y de Celio, el sirviente, pero este huyó, se escondió muy lejos.

Las vecinas trataron de organizar el funeral de doña Zefa. Aunque el velorio fue de unas horas, tuvo muchas flores, mucha gente. Había muchos curiosos, el crimen conmocionó a la ciudad, pero allí estaban muchos amigos, porque solo tenía los tres sobrinos nietos de parentela. Josefina era una persona querida, amable y muchas personas le debían favores. Los vecinos, amigos, lloraron y muchos se acordaron de orar. La enterraron con su esposo y su querida hija.

Los residentes de la ciudad se indignaron y preguntaron sobre el porqué de este crimen, comentaron mucho, solo hablaron de los asesinatos del terrazo de la calle curva.

El comisario Casio estudió todas las posibilidades, los siete fueron asesinado al mismo tiempo y en el mismo lugar. No robaron nada y la casa estaba en orden, sin signos de lucha. Ninguno de ellos tenía pólvora en la mano, no habían empuñado las armas.

La habitación que estaba cerrada con llave era cuadrada y tenía dos puertas, una de frente a la otra; una dado al interior de la casa, otra a los garajes. Los cuerpos fueron encontrados de esta manera: frente a la puerta que daba acceso al interior de la casa, doña Josefina, que, todo indicaba, estaba de pie; a su lado derecho, sentado en un sofá, la pareja Benedicto y María Gorete; debajo de la ventana estaban también sentados Armando y Ademir; y en el lado izquierdo de la puerta que salió a los garajes, Suellen, sentada en una silla, y el juez debería estar parado a su lado.

La gran puerta de la calle da a una zona abierta, donde el coche de Armando y el de Benedicto, y después que el garaje fue cerrado, donde estaban los coches de doña Josefina y el del juez.

Y la policía no podía entender por qué los siete estaban allí, y si se conocían, qué relación había de matarlos a todos juntos.

Si se trataba de eliminar al juez, sería mucho más fácil hacerlo en otro lugar. ¿Por qué allí y con otras personas?

Si asesinar a la pareja Benedicto y María Gorete, habría sido conveniente en el bar.

Si fuera para vengarse de Armando, ¿por qué allí, en la casa?

Y todo indicaba que la mujer inocente era doña Zefa. ¿Por qué la mataron?

Una persona bondadosa, querida.

Los residentes de la ciudad exigían la solución, molestaron los reporteros. La policía era tachada de incompetente, y se sentían así. No más que se esforzaron, no encontraron ninguna pista, no descubrieron nada.

El caso quedó sin resolver, una piedra en el zapato del comisario Casio, que nunca olvidó el misterio que implicaba el crimen del terrazo.

3.-
En el Umbral

Mary estaba trabajando en un Puesto de Socorro ubicada en el Umbral. El Puesto Hogar Amigo era grande, hermoso y con muchas flores que encantaba a nuestra rescatista.

- Siempre me gustaron las flores y nunca esperé encontrarlas después de la muerte. ¡Ironía! ¿Muerte? Ésta, como pensaba, no existe, nunca existió.

Desencarnación es el término correcto. ¡Nunca me he sentido tan viva! ¡Cómo la vida es hermosa y las Leyes Divinas perfectas!

Mary era muy simpática, tenía la apariencia de cómo era antes de desencarnar, de una persona mayor, pues cuando tuvo su cuerpo muerto esto fue envejecido por lo mucho que había vivido encarnado. Siempre era elegante, con cualquier traje se destacaba. Cabello blanco se mantenían en una cola detrás de la nuca y su sonrisa cautivaba a todos.

Pero lo que más llamó la mayor atención eran sus ojos marrones y su mirada inteligente. Era feliz allí, tenía amigos, visitaba parientes, sabía de todos los que le eran queridos y, lo principal, trabajaba duro y amaba lo que hacía.

Estaba en el jardín disfrutando de las flores cuando lo escuchó llamar:

- Mary, el orientador Alfredo quiere hablar contigo.

Sonrió, agradeciéndole, y fue rápido, esta era una de sus características: ser ligera en todo. Fue a hablar con el consejero amigo.

– Mary – dijo Alfredo, saludándola riendo –, tengo un trabajo especial para ti. Expuso su tarea y concluyó:

- ¿Alguna pregunta?

- Varias. ¿Estoy a la altura? No es un trabajo para un colega más experimentado? – Preguntó la rescatista.

– Mary, siempre que nos enfrentamos a una tarea especial, vemos después que tienes un porqué. Eres capaz y lo harás, confía. Y luego estaré cerca para ayudarte.

Aquí está todo sobre ellos, que le serán útiles. Y tendrás que encontrar más información, hablar, porque tu ayuda es conducir las cosas de una manera que ellos mismos hablen de sí mismos. Será hablando que se entenderán. Y después depende de ti hacerles entender que necesitan ayuda para aprender otra forma de vivir. Lee este informe y en dos horas iré contigo donde estás para que conozcas el lugar. Y comenzarás tu trabajo mañana, a primera hora de la mañana.

Mary salió del despacho del orientador Alfredo con un maletín en las manos, regresó al jardín, se sentó en una banca de madera. La vista desde allí era muy bonita. Aunque el jardín era pequeño, sus macizos de flores le daban una armonía perfecta. "Todo tiene encanto, solo observa bien", pensó Mary.

Abrió la carpeta, leyó el informe y luego fue a prepararse salir del Puesto a una parte del Umbral.

A la hora señalada ella y Alfredo dejaron el Hogar Amigo.

Mary siempre sintió una sensación extraña mientras caminaba por el Umbral.

Lo primero que sentía fue el olor; el olor de la zona umbralina es característico, una mezcla de lodo y podredumbre que lastima su sensible sentido del olfato.

– Siempre estoy alerta cuando dejo el Puesto – comentó la socorrista.

– Eso es normal, este es un lugar donde siempre debes estar atenta – respondió Alfredo. Vamos por este camino.

Los kilómetros que rodean el Hogar Amigo tienen muchos senderos y, para descender sobre algunos puntos, hay escalones de piedras.

La claridad fue leve y los dos caminaron uno al lado del otro.

- ¡Señor, señora, por favor!

Se les acercó un desencarnado, que era suficiente para hablar para ser reconocido.

- ¡Buenas tardes, Silva!

- Quería refugio nuevamente - dijo –. ¿Será que no me puedes llevar ahora?

- ¡De nuevo! Varias veces has pedido ayuda en el Hogar Amigo y es solo mejorar que sales. Silva, tienes que decidir qué es lo que quieres – dijo Alfredo.

- Ahora es diferente, realmente quiero cambiar - respondió el hombre.

– Lo has dicho antes – dijo Alfredo –.Mary y yo estamos saliendo a un reconocimiento, a un trabajo, y no podemos retrasarnos. Ve al Puesto y pide refugio.

- ¿Y si no me quieren? – Preguntó Silva.

– Habrá que tener paciencia, esperar y demostrar a los trabajadores que ahora estás cambiado incluso. Porque Silva, ya muchas veces te hemos recibido con todo el cariño y de la mejor manera posible y te quejaste, no estabas agradecido y, cada vez, te mejoraba tus heridas, los reflejos de las enfermedades que tenía en su cuerpo físico, te escapabas y ni siquiera te despedías ni diste las gracias. Como has visto, nuestra casa es pequeña para los muchos necesitados, los trabajadores se despliegan para conocer a todos y no podemos servirte en lugar de uno que quiere realmente cambiar.

- ¿No me vas a llevar? ¿Tengo que ir allí? Pero tengo problemas para caminar - dijo Silva.

- Vas a tener que irte. ¡Nos vemos luego!

Silva estaba indeciso si iba o no, realmente quería que lo llevaran. Alfredo y Mary continuaron caminando, dejaron el puesto con un propósito y tenía que hacerse a tiempo.

– En estos años trabajando en el Hogar Amigo, todavía no me he acostumbrado a las personas que solo quieren aprovecharse, quieren recibir, sin decir o dar algo a cambio sino hacer algo bueno para ellos mismos. Este Silva ha estado en nuestro puesto cuatro veces – comentó Mary.

– Pero ahora solo lo atenderemos si demuestra que esta vez será diferente, que quiere cambiar – dijo Alfredo.

Caminaron durante dos horas sin parar. Mary había estado observando el paisaje, que es monótono y triste, lo que da vida son los espíritus que hay. Pasaron a través de grupos de alborotadores, haciendo una confusión tremenda, riendo y hablando en voz alta, grupos de residentes más tranquilos, que evitaron mirarlos, y otros que nunca pierden la oportunidad de ofender a los buenos trabajadores.

Mary siempre fue observadora, solo una mirada rápida para ver todo lo que le interesaba. Le gustaba ver cómo se vestían, la diversidad de trajes. Los moradores se visten de muchas maneras, algunos parecen antiguos caballeros antiguos, tienen armadura, otros son adornan con cadenas, otros prefieren poca ropa, algunos usan muchos tonos, pero principalmente en ropa normal. Hay preferencia por capas, que casi siempre son marrones o negras. Las mujeres que dicen ser residentes, visten trajes variados, son pocas las que usan vestidos y, si lo hacen, suelen ser largos, pero son casi siempre grandes y con mucho brillo. Muchos residentes son bonitos, pero es una belleza sin armonía; mira, crees que es hermoso, pero si observas bien, no tiene encanto y simplemente belleza se deshace. Es porque, desarmonizados, al no tener la belleza interior, todo es externo, superficial.

A los que deambulan por el Umbral, a los que sufren, no les importan los detalles externos, y aquellos que no saben cómo cambiar su apariencia, casi siempre están hechos jirones, sucios y en consecuencia desprovistos de belleza.

Mary cada vez que salía por la zona umbralina, quería detenerse y hablar con todos los enfermos que encontró en el camino. Como seguía Alfredo, se dio cuenta que esta vez no estaba allí para eso. Se detuvieron y el asesor dijo:

- Mary, ahí es la entrada de la cueva donde vas a trabajar.

- ¿Realmente tengo que quedarme adentro hasta que ayude a todos?
¿No podré salir? – Preguntó la socorrista.

– Sí, debes quedarte ahí con ellos, escucharlos, hacer que se entiendan, perdonen, y preferiblemente debes salir con todos – respondió Alfredo.

- ¿Todos? ¿Qué pasa si algunos no quieren ayuda? – Preguntó Mary.

- Vas a saber cómo actuar. La recomendación es salir con todos, si te aseguras que suceda así, pero si alguno de ellos es más terco, nada te impedirá salir con aquellos que quieren cambiar la forma en que viven – dijo Alfredo delicadamente.

Mary observó el lugar externamente. Enclavada en una roca, había una puerta y una ventana con barandillas, en la que solo el pedazo de la parte superior no estaba cubierta. Por ese espacio de unos ocho centímetros entraba la poca claridad.

— Ahora volvamos – dijo Alfredo –. Mañana vendrás y comenzarás tu trabajo.

- ¡Todavía no entiendo por qué lo hago!

- Lo entenderás, querida, entenderás – dijo Alfredo sonriendo.

Esa noche Mary, después de arreglar todo lo que le había sido recomendado, se sentó en la banca del jardín, su lugar preferido, y observó el cielo, las pocas estrellas que podía ver desde allí y las flores. Oró con sentimiento, pidiéndole al Padre que consiguiese hacer la tarea que le fuera encomendada de la mejor manera posible.

Mary era una señora distinguida. Siempre llevaba vestidos debajo de las rodillas y su color preferido era gris claro. Hice énfasis de estar siempre bien arreglada, eso le hacía bien, su vanidad femenina y los acogidos del Puesto a quienes les gustaba ver a una anciana elegante.

Fue al amanecer que se levantó de la banca del jardín y fue a su habitación, su pequeño rincón, donde tenía sus pertenencias personales. Llevaba otro traje, un mameluco ancho, adecuado para ser más cómodo para caminar por el Umbral. Y comprobó por última vez si no se estabas olvidando algo.

Con una gran mochila en la espalda, fue al patio y el asesor Alfredo estaba allí para despedirse de ella.

— Mary, espero que tengas éxito, actúa con calma y paciencia, y usa el amor como fuente de inspiración. Y estaré aquí para asesorarte y guiarte. ¡Buen trabajo!

Se abrazaron. Mary también quería preguntar de nuevo:

- ¿Por qué ella? Contenía su curiosidad, si hubiera razones, pronto lo sabría.

Sonrió, le dio las gracias y dejó el Puesto. Caminó ligero y esta vez sin observar mucho. Tenía un objetivo y sería mejor que fuera rápido.

Llegó, respiró hondo y entró. Después de un rápido vistazo en que vio todo, se relajó y observó los detalles. Estaba plasmada[1] en el lugar una habitación, con dos puertas, pero solo una daba apertura, y una ventana con barandillas, que estaba cerrada, solo en la parte superior sin tapar. También tenía muebles, dos sofás, dos asientos y dos sillas. Todo estaba sucio.

Finalmente, Mary miró a aquellos a quienes había venido a tratar de ayudar.

Eran siete. Los siete asesinados en la calle curva.

Que después que hubieron desencarnado, llegaron juntos al Umbral, se pararon en una esquina y, pensando que todavía estaban en la salita, le dieron forma y allí se quedaron por años.

- ¡Buenos días, soy Mary! – Exclamó la socorrista.

Nadie respondió. Estaban acostumbrados a recibir visitas, ayuda de otros socorristas. Incluso aquellos que no son merecedores de ayuda, cuando son llevados a un refugio, son visitados por trabajadores del bien que asisten a los enfermos a través de la zona umbralina.

Estos traen agua, medicinas, alimentos y conversan con ellos.

Pensaron que era otra visita y la miraron, solo con la esperanza de recibir los regalos que tanto necesitaban.

---

[1] N.A.E. Los espíritus, cuando saben plasmar, es independientemente de si son buenos o no. Pero también hay objetos moldeados por aquellos que no son conscientes del método y que aun logran dar forma sin saber cómo, lo hacen por voluntad fuerte. Y esa habitación tenía la forma de aquella, por todos los que estaban allí, porque creían que estaban en ese lugar.

Mary luego se quitó la mochila de la espalda, la puso en el suelo, armó una mesita y colocó encima un foco de luz. Quién no sabe lo que es este foco de luz, al verlo, piensa que es una vela delgada, pero no lo es, como tampoco es una linterna. Es un objeto pequeño y la luz está regulada para no ofuscar la visión; la hizo débil, pero lo suficiente como para verlo todo.

Después, armó dos sillas, una al lado de la mesa, para ella y otra cerca de la suya, y recogió a la Sra. Zefa y la sentó, porque estaba tirada en el suelo. Después, fue a Eleocácio y lo sentó en una silla vacía una cerca de aquella en la que Suellen estaba sentada.

Él iba a tirarse al piso, pero Mary fue firme con él.

¡Siéntate y quédate quieto!

Él se quedó. Estaban de la misma manera cómo los cuerpos habían muerto; habían quedado atrapados allí, sin salir del lugar.

Mary entendió que nadie los había encerrado, se sentían así que por sí mismos, porque se consideraban culpables.

Después, Mary tomó varios vasos y le dio a cada uno, con agua.

Luego tomó vendajes y se los puso en las heridas. Como sintieron que estaban en la salita muertos, y éstos se movían, se quedaron donde estaban[2]. También tenían las heridas abiertas y en consecuencia, les dolía.

---

[2] N.A.E. Vemos mucho de esto en Umbral: Espíritus atrapados. Algunos están en lugares donde no pueden salir, otros podrían irse, porque no están vigilados o encerrados. No salen porque se sienten bien en sus corazones para estar allí. Muchos se autocastigan. Lo que les pasó a estos siete, que fueron asesinados, es que cada uno de ellos sintió el impacto de las balas, pasó por un disturbio, tuvo el espíritu desconectado del cuerpo, fue llevado al Umbral y arrojado en un solo lugar. Cuando se despertaron, sintieron que todavía estaban en la salita, la moldearon y se quedaron como estaban cuando cayeron. Tanto que el juez y doña Zefa,

Los socorristas usan muchos apósitos cuando ayudan en el Umbral. Estos eliminan el dolor y la sensación de sangrado. Y los que Mary había traído eran un poco más especiales, la sensación de el alivio fue por más tiempo. Y ella trajera un cambio adicional para cada uno. Tenía un tiempo para quedarse allí y hacer que quisiesen ayuda.

Después, siempre ligera, los acomodó y los limpió.[3] La miraron agradecidos, pero no dijeron nada. Cuando Mary acaba de acomodarlos, colocó sopa en los platos y le dio a cada uno con un pan. Comieron en silencio.[4]

---

que cayó al suelo, se quedaron allí, y los demás, que desencarnaron permanecieron como estaban.

[3] N.A.E. El periespíritu es una copia fiel del cuerpo físico. Y casi siempre los enfermos obtienen la apariencia de antes de desencarnar. La ropa es plasmada. El espíritu que sale del cuerpo no lo hace sin ropa. El apósito está tan condicionado a la persona que cuando se desconecta del cuerpo, ya lo hace con la ropa en forma. Aunque no es una regla general, eso es lo que suele suceder. Los enfermos se visten tal como eran cuando su cuerpo físicamente fue enterrado o como estaban cuando desencarnaron. Estos siete se quedaron con lo que estaban fueron asesinados. Además, los enfermos resisten durante años, porque se sostienen por la voluntad, por la impresión. En cuanto a ellos, todo envejece, sucio, se siente así, ropa vieja y sucia.

[4] N.A.E. A muchas personas les parece extraño que los desencarnados se alimenten y muchos se han preguntado cómo es este alimento. Se alimentan, en el plano espiritual, desencarnados que, engañados, todavía piensan que están encarnados, sintiendo todas las necesidades de una persona, como el hambre, la sed, el frío, el calor y el dolor. También necesitan alimentarse los desencarnados cuyos reflejos corporales son fuertes; son los que están apegados a la materia, los que no querían tener el cuerpo físico muerto. Los espíritus que van al Umbral sienten estas necesidades. De los espíritus que asumen su posición de oponentes del bien, algunos saben cómo sacar su sustento de la naturaleza como los buenos; los que no saben vampirizar, chupar a los encarnados y los alimentos físicos. En los Puestos de Socorro y las Colonias, solo los recién llegados, rescatados que todavía tienen estos reflejos, necesitan

Mientras se alimentaban, Mary colocó sobre la mesa que ella armó, junto a la pequeña lámpara que tiene muchos nombres, pero que vamos a denominar purificador de aire, hierbas que llevó para quemar y dejar el ambiente con olor agradable y también mejorar los fluidos allí concentrados. Esperó a que terminasen de comer, recogió los platos, dejando a su alcance el vaso con agua.

Los observó, parecían más aliviados. Luego les dijo:

- Buenos días, soy Mary. Por favor, por favor preséntense.

Suellen fue la primera en hablar.

- Soy Suellen. ¡Gracias! Nos ayudó mucho con este apósito y la comida.

– Soy juez Eleocácio. ¡No! Solo Eleocácio, juez fue un título que recibí.

Gracias, doña Mary.

– Por favor, llámenme Mary, quiero ser su amiga.

- ¿Una amiga? ¿Por qué? No creo que haya tenido una. Pero también se lo agradezco. Me siento mejor. Mi nombre es Maria Gorete.

- Y yo soy Benedicto. ¡Dios se lo pague!

- Soy Ademir. ¡Muchas gracias!

- Mary notó que Ademir solo miraba por la ventana, que incluso para verla simplemente movió los ojos, entendió que no quería mirar a Zefa.

- Soy Armando. Hemos pasado por muchas cosas. Nunca pensé que las personas muertas sufrirían así. Estás siendo muy

---

comida. Después de eso, se les invita a aprender y, cuando lo hacen, ya no necesitan alimentarse. Estos alimentos son de la misma materia enrarecida que nuestro periespíritu y son el resultado del trabajo de otros espíritus. Se plasman o, en su mayor parte, se cultivan en Colonias y, después, son preparadas con gran cariño por los trabajadores. Ver más sobre este tema en el libro *Nuestro Hogar*, capítulo 9.

buena ayudándonos. Simplemente no entiendo por qué la tía Zefa está aquí. No creo que sea justo.

– Y usted, ¿quién es? – Preguntó Mary, mirando a esta última, que no se presentó.

- Soy Josefina, Zefa. La propietaria, o antigua propietaria de la casa. Se lo agradezco. ¿Debo sentarme?

– Sí, por favor, tú y Eleocácio deberían sentarse – respondió la socorrista.

- ¿No crees que todos deberíamos llamarnos por nuestros nombres? Si usted

Cuando se le pida que la llame Mary, no me llame señora. Pero ¿qué viniste a hacer aquí?

- Vine queriendo ayudarlos - respondió Mary.

- Por favor, ¿no puedes hablarme de mi familia? Me gustan mucho y a veces los siento pensando en mí – preguntó Ademir.

- Sí, puedo hacerlo. Aquí tengo esta información – Mary la abrió y leyó –. Tu familia sintió mucho tu desencarnación. Piensan que lo mataron porque viste al asesino y todo sucedió por tu jefe, Armando.

- En lo que tienen razón - dijo Ademir.

- ¡No, no fue así! No le hice hacer nada. Murió por su propia culpa – dijo Armando, defendiéndose.

- ¡No empieces! Dejen de culparse unos a otros - dijo Zefa.

– Continúa, por favor – preguntó Ademir a Mary.

– Su esposa tuvo que trabajar, consiguió un trabajo, se vistió de negro por luto y lo hace hasta el día de hoy. Nunca pensó en tener a alguien más. Sus hijos están casados, tienen hijos y ella vive con uno de ellos. Viven bien.

- Mis hijos... son... ¿son honestos? – Preguntó Ademir.

- Lo son. Trabajan honestamente, dicen que siguen el ejemplo de su padre – respondió la socorrista.

– ¡Ejemplo! – Exclamó Armando sonriendo.

- No saben lo que hice - dijo Ademir. Si son honestos, probablemente no vendrán aquí cuando el cuerpo físico muera: Gracias, Mary.

–También quería saber sobre mi familia – dijo Eleocácio.

- Su esposa y sus dos hijos lamentaron mucho que desencarnara junto a su amante. Estaban avergonzados por los muchos comentarios. Han cambiado de ciudad. Sus hijos han estudiado, se graduaron, están casados y tienen hijos. Están bien y prefieren no comentar sobre el tema ni pensar en su desencarnación. Su ex esposa se volvió a casar.

- ¿Mi Iva? ¿Se casó? ¿Hay otro hombre? – Preguntó Eleocácio, indignado.

–¿Por qué este asombro? – Preguntó Suellen –. ¿La traicionaste, la humillaste y querías que pasara todo este tiempo cultivando tu memoria?

– Ella era mi esposa, pensé que me amaría, estoy decepcionado – respondió Eleocácio –. ¿Iva está feliz con su nuevo esposo?

- No es nuevo ni reciente – respondió Mary –. Hace mucho tiempo que está casada. Te recuerdo que llevas años aquí. Iva esta vez está felizmente casada, ellos son felices y a sus hijos les gusta.

Eleocácio suspiró y se quedó quieto, y Mary continuó leyendo, esta vez para Suellen:

– Tu madre, Suellen, sintió tu desencarnación. Tus hermanos, aunque no te querían, se sintieron aliviados. Pero tu mamá nunca te ha olvidado, ha desencarnado y está en el plano espiritual, en una Colonia, y ha orado mucho por ti y pidió ayuda para ti.

- Mamá, lo siento. ¡No era una buena hija! - Exclamó Suellen, emocionada.

Mary continuó:

— Benedicto, tú, encarnado, no diste noticias a tus familiares y ni siquiera saben que desencarnaste.

El que se acuerda de ti es tu hijo.

- ¿Hijo? ¡Tuviste un hijo y no me lo dijiste! – Dijo quejándose María Gorete.

— A veces me he acordado de él, no lo he visto en tanto tiempo.

Cuando encarnado, como ella dice, no lo vi. Nació de una aventura, se quedó con su madre. Mary, ¿puedes hablarme de mis padres.

— Están encarnados, viejos y enfermos, piensan que estás lejos y que ni siquiera los recuerdas - respondió Mary. Y continuó: – Tú, María Gorete...

— Lo sé, no tengo a nadie que se acuerde de mí, al menos para tener buenos pensamientos – interrumpió María Gorete.

- Lamento decirlo, pero así es como dijiste María.

— ¿Puedes decirme si alguien encontró el dinero que escondimos en la casa? – Preguntó Benedicto.

- Sí, lo hicieron. Nico y su esposa, sus empleados.

- Fue una buena cantidad – dijo Benedicto.

— La señora Zefa dejó muchos amigos, era querida y sigue siendo recordada por lo mucho que le hizo a la gente – leyó Mary.

- ¿Qué pasa con mi esposo y mi hija? - Preguntó Zefa.

— Su marido estaba un poco preocupado por la desencarnación, pero ahora está bien, vive en una Colonia con tu hija, Julieta, y han pedido mucho por ti. La quieren con ellos.

- ¿Julieta sufrió con su desencarnación? – Preguntó Zefa.

- No, ella perdonó y fue ayudada. Ella es la que ayudó a su padre – respondió Mary.

- ¿Y yo? ¿No tienes noticias para mí? – Preguntó Armando.

- Sí, las tengo. Tu hija, Erica, heredó toda la fortuna de Zefa y la cuida bien. Está casada y tiene hijos. Magali y sus dos hijos pasó por dificultades cuando desencarnó, se hizo pobre y uno de sus hijos fue arrestado. Erica los ayudó. Los tres viven juntos y siempre torpe, dando pequeños golpes y haciendo trampa.

- No piensan en mí, ¿verdad?

- Desafortunadamente, no – respondió Mary –.

Sigamos hablando. Les pido que hablen de ustedes mismos. ¿Qué razón tienen para estar aquí, después que su cuerpo físico fue asesinado? Cada uno hablando de sí mismo, espero poder ayudarlos.

Suspiraron.

4.- Suellen y Eleocácio

– Siete a la vez tienes razón, Mary, hablar nos hará bien – dijo Suellen –. Pero me gustaría saber quién nos mató y por qué.

- No lo sé, pero creo que hablando lo descubriremos - respondió la rescatista.

Mary estaba siendo honesta, ni siquiera sabía quién se había comprometido en este crimen bárbaro o por qué. En el informe no había nada escrito al respecto.

- No conocía a ese chico que me disparó.

Recuerdo que conocía a muchos hombres, pero a ese uno estoy segura que no. ¿Razones para ser asesinada? ¡Creo que tuve!

Me gustaría saber quién era y por qué - dijo Suellen.

- Eso también me ha intrigado - dijo Eleocácio –.¿Quién nos mató? ¿Por qué razón?

- He sido amenazado de muerte varias veces. Y es increíble que haya sucedido. Tengo curiosidad por estas respuestas, espero averiguarlo - expresó Benedicto.

– No solo era malo, también hacía cosas buenas. ¿Será que eso no cuenta? – Preguntó Suellen –. Recuerdo que ayudé a amigas, hice favores, presté dinero.

- Lo hiciste esperando algo a cambio, ¿no? – Preguntó Armando.

– Eres pesado – respondió Suellen -. Tal vez, pero lo presté.

– No creo que nuestras buenas acciones fueran suficientes para anular los malas - dijo Zefa.

– ¿Por qué aquí solo pensamos en las malas acciones? – Preguntó Ademir.

- Porque por eso vinimos aquí - respondió Eleocácio.

– Son pocas las personas que, estando encarnadas, solo hacen buenas acciones, así como las que solo hacen malas - explicó Mary –. Nosotros, que seguimos avanzando hacia el progreso, siempre tenemos buenas y malas acciones. Imprudentes son los que dejan salir a los malos, y si tienen oportunidad de hacer el bien, no lo hacen. Los desencarnados con muchas buenas obras son merecedores de una ayuda aquí en el plano espiritual.

Suellen, ¿no quieres empezar? Cuéntanos tu historia.

– Puedo empezar – dijo Suellen –. Aquí me he acordado mucho, vivo de estos recuerdos. Nací en una familia normal de clase media baja. Todos en casa trabajaban. Mamá era religiosa y cuando yo era niña iba a la iglesia para pasear. Tuve una infancia llena de complejos y queriendo tener objetos caros. Mis padres sufrían porque yo era diferente.

Siempre estaba pidiendo, quería tener ropa nueva y de marca, joyas, frecuentar lugares caros. Decidí que para conseguir lo que quería, debía casarme con alguien de posesiones financieras. Empecé a ir tras algunos chicos ricos y saliendo con uno de ellos, un chico alegre, sin sentido común como yo, y quedé embarazada. Pensé que se iba a casar conmigo, pero el chico no quería nada serio y me llevó a hacer un aborto. Así que tuve mi primer aborto. Seguí saliendo con él, iba a lugares importantes, me dio regalos, empecé a fumar y a beber, a los dieciséis parecía que tenía más de veinte.

Avergoncé a mis hermanos e hice sufrir a mis padres. No obedecía a nadie y dejé de estudiar. Este novio mío se iba de viaje a un pueblo de la costa con amigos y me invitó. Me llevé toda mi buena ropa y me escapé. Pero dejé una carta para que no me buscaran con la policía; escribí explicando que me iba de casa y que no me buscaran.

Fui a la playa y no solo me acosté con mi novio, sino que también con sus amigos. Estuvimos veinte días en casa de los padres de uno de ellos. Cuando se fueron, decidí quedarme.

Me convertí en una prostituta. Me quedé embarazada de nuevo y decidí tener otro aborto. Buscando quién lo practicara encontré una enfermera jubilada. Lo hice y, como lo hice me hice amiga de ella, aprendí a practicar, ayudándola.

Viví en esa ciudad cuatro años, en ese tiempo escribí dos cartas a mi madre dando noticias, me respondió angustiada, desesperada, queriendo que volviese y cambiar su vida, ser honesta y consiguiese un trabajo.

Eso no quería. Cansada de estar allí en esa ciudad, me mudé a otra y continuó con la misma forma de vivir.

Nuevamente me mudé y terminé aquí en esta ciudad.

Bueno, no estamos más en la ciudad. ¿Dónde estamos, Mary?

– Estamos en el espacio del plano espiritual de la ciudad en la que vivían encarnados. Esta ubicación se llama Umbral. Una villa provisional de espíritus – respondió la rescatista. Suellen suspiró y continuó hablando:

– Tenía veintisiete años y pensaba que cuando fuera mayor no lo haría, tendría cómo sobrevivir a mi profesión, por lo que hice, ahora creo mal hablar así... La profesión debe ser para los que trabajan. Y decidí practicar abortos. Había hecho tres abortos más, fui a hacerlos en lugares diferentes y me encontré capaz de practicarlos. Incluso pensé que ayudaba a las mujeres jóvenes, porque para algunas cobraban más barato, o a la cuota. Hubo una niña que fue violada y lo hice sin cobrarle nada. ¿Por qué a veces pensamos que ayudamos a algunas personas y las estamos perjudicando?

– Suellen – respondió Mary – debes saber en tu corazón que el aborto es algo malo. Priva a un espíritu de reencarnación, de tener la oportunidad de recomenzar. Desafortunadamente no ayudaste a nadie con tu actuación, pero contribuiste a que otros cometieran errores y se equivocaran

Además. El feto desde su concepción tiene vida, también es un espíritu.

- Es un asesinato, ¿no? – Preguntó Suellen –. Maté seres indefensos. Y me funcionó la ley del talión: maté y me mataron. Mi madre me dijo: "Suellen, siembras y la cosecha vendrá, serás obligada a recibir de regreso lo que hiciste." ¡Mamá! La extraño.

En el tiempo que estuve en esta ciudad, le escribí varias veces.

Ahora la extraño mucho. Ella sabía apreciarme, me abrazaba, consolándome, cuando lloraba. No la valoraba, no la respetaba y

No creo que me mereciera sus abrazos. ¡Ahora cómo me gusta!

Suellen respiró hondo y continuó:

– Conocí a Eleocácio y me convertí en su amante, y todo estaba bien hasta que fuimos asesinados. Tengo remordimiento por haber tenido abortos, y de haberlos practicado en otras mujeres. Sigo pensando… quiero volver y tener otro cuerpo, para vivir de nuevo en el plano físico, pero ¿tendré la oportunidad? ¿No es que mi futura madre me abortará? Lo lamentaría si lo hiciera.

Ahora entiendo bien: "No le hagas al otro lo que no te gustaría que te hagan a ti." Constantemente veo esos fetos, algunos temblando, para morir mis manos. ¡Sufro![5]

Suellen se detuvo y lloró convulsivamente. Todos estaban callados. Después de unos tres minutos continuó hablando:

---

[5] N.A.E. Esta fue una conclusión de Suellen, quien aun no había entendido el plano espiritual. Cada caso es un caso y uno puede tener varias reacciones a la misma acción.

- Por eso creo que me merezco estar aquí. Mis pocas buenas acciones fueron insuficientes para encontrarme digna de ayuda.

– Suellen – Dijo Mary delicadamente – has sufrido mucho todos estos años aquí. Es hora que aprendas a vivir con dignidad, a ser útil y trabajar ayudando a otros que sufren. ¡No te desesperes! ¡Ten esperanza! Quiere ayuda y, lo más importante, pide perdón y perdónate a ti misma.

- ¿Piensas, Mary, que podría tener otra oportunidad? ¿Que esto aquí no es eterno? – Preguntó Suellen.

- No es eterno; esto es temporal.

Para eso esto estoy aquí, para hacerles entender y querer cambiar para mejor. Todos tenemos oportunidades y tú también las tendrás. Suellen, el sufrimiento pasa enseñando. ¿Volverías a hacer lo que hiciste? – Preguntó Mary.

- Si volviera ahora con lo que sé, no lo haría. Pero sin estos conocimientos no lo sé. Estoy siendo honesta. Sin conocer las consecuencias es difícil decir con certeza si lo haría o no. Después de haber sufrido las reacciones, digo firmemente que no lo haría. Soy mala, ¿no?

– Al menos no es ser hipócrita – dijo Ademir –. Fue malo, no ocultaste que lo eras y ahora tienes el coraje de hablar de una manera cándida de lo que hiciste.

- ¿Hipócrita? No creo que lo fuera, pero eso no anula lo que hice - dijo Suellen.

– La hipocresía es muy mala, los hipócritas también vienen aquí – dijo Ademir.

- ¿Quieres decir algo más, Suellen?

– Estoy muy triste, deprimida, infeliz de estar aquí. Nunca pensé que quedarme atrapada era muy malo. Aquí estoy condenada a no salir del lugar, a sentir frío, calor, estoy incómoda y sucia. Qué bueno sería tomar un baño y no solo lavar la suciedad de mi cuerpo, sino también la que está dentro de mí. ¿Cuerpo? ¿Cómo es que yo, estando muerta, siento un cuerpo?

– Nuestro espíritu al desencarnar está revestido con un cuerpo que sigue siendo materia, solo enrarecida, invisible a los ojos de los encarnados. Se llama periespíritu. Y cuando desencarnamos y no entendemos cómo vivir con el periespíritu, sentimos las necesidades del cuerpo físicos, y algunos están tan engañados que todavía creen que están encarnados – explicó Mary.

– ¡Y cómo nos sentimos! – Expresó Suellen –. No me gusta vivir aquí, es mucha tristeza. Cuando hacemos algo mal, no pensamos que podemos llegar a un lugar como este. Fue... ¡Está siendo mi gran castigo!

– Te recuerdo, Suellen, que no hay castigo, como dices – explicó Mary –. Nos atraen los lugares que nos hemos ganado. Cometiendo errores nos desarmonizamos, y necesitamos rearmonizarnos, y siempre tenemos la oportunidad de hacerlo por amor, trabajando por el bien de nosotros mismos y por los demás, cambiando la forma de vivir y siendo buenos.

Pero cuando apagamos estas oportunidades, el dolor viene a enseñarnos.

Por su propio bien, es necesario armonizar con las leyes divinas.

Eleocácio prestó mucha atención al relato de su ex amante. Mary lo alentó:

Y tú, Eleocácio, ¿no quieres hablar también?

– Estoy pensando, ¡yo era un hipócrita! Fingí ser una persona y era otra muy diferente. Me la daba de ser un tipo honorable, impecable, que fue allí para castigar a los bandidos, y actuaba a escondidas como uno de ellos.

Voy a hablar de mí mismo.

Yo también he sufrido aquí. Soy el que siempre ha sido exigente, buscando que mi ropa siempre estuviera bien lavada y planchada.

Estaba siempre afeitado, limpio, exigía el momento adecuado para todo.

¡Aquí creo que aprendí a no ser tan exigente! No creo que lo sea más. Me quedé en el piso, sucio, alimentándome solo cuando los rescatista vinieron aquí, y aprendí a estar agradecido por ese poco que recibo. Estar sucio me molesta, esta sangre que gotea de la herida me causa disgusto y dolor. ¡Como todo lo demás termina! Mandaba y era obedecido. Podría haber disfrutado de todo sin necesidad de lastimar a cualquiera. Incluso echo de menos el café caliente que el sirviente del foro me servía y por el cual nunca recuerdo haber dicho gracias. Dolor, anhelo, tristeza, nunca pensé que lo sentiría cuando muriese. ¿Muerte? ¡Engañosa es! Fui un juez importante y terminé así. ¿Importante? ¡Qué ilusión! Aquí, desencarnado, no tengo nada de eso.

Nací en una familia honorable, o que daba valor a eso, pero pensándolo bien, siempre hubo alguien que hizo algo mal y bien oculto, como si fuera posible ocultar nuestros errores de nosotros mismos.

Era orgulloso, arrogante, y mis padres me motivaron a ser así.

Siempre he sido un gran estudiante, estudié mucho y quería ser juez. Me gradué con honores, me puse a trabajar y seguí estudiando. Conocí a Iva y pensé que sería una buena esposa, también era abogada y una mujer educada. Me casé y vinieron los dos hijos.

Me presenté para ser juez, aprobé y fue una gran alegría convertirme en uno, me sentí realizado.

Trabajé duro, pensando que resolvía todo de la mejor manera posible, encontrándome infalible.

Aunque me encanta Iva en mi camino y estaba satisfecho con la familia, empecé a tener amantes e incluso me enamoré de ellas. Por lo tanto, empecé a tener gastos extras y, para cubrir estas necesidades, empecé a hacer pequeños favores que se cobraron. Recuerdo que la primera, fue un juicio de un joven que asesinó a otro en una pelea. El padre del que murió vino a mí y ofreció una suma de dinero para condenarlo a muchos años. Fue lo que hice. Después de todo, él era un asesino. Fui implacable.

Solo que los dos muchachos lucharon y cualquiera de ellos podría haber muerto. Dejé al asesino devastado. Y los casos fueron surgiendo y yo, dando la sentencia para cualquiera que me diera dinero. Al principio solo condené a los culpables, entonces, pero entonces..."

Eleocácio se detuvo, suspiró y continuó:

– Un día, se me acercó un caballero que después de presentarse fue directo al grano.

- Juez, vengo aquí porque serás tú quien juzgará mi sobrino. Te ofrezco una buena suma... para dejarlo libre.

- Pero él es culpable y no dejo salir a los bandidos - respondí con orgullo.

- No, no, no, no, no, no, ¿Quién es un bandido para ti? ¿Quién recibe dinero?

¿Cambiar las sentencias es honesto? Lo siento, pero tengo pruebas que lo hizo. ¿Quieres ver?'

- Mostró documentos, fotos en las que recibí dinero. Me sentí apenado. Pero él, implacable, continuó:

- No importa, cada uno se gana la vida de la manera que quiere.

Empecemos de nuevo. Usted acepta esta cantidad para dar el resultado favorable para mi sobrino, o todo esto irá a los titulares.

- Fue entonces cuando me di cuenta de lo mucho que había agraviado y que estaba en manos de bandidos. Hice lo que me pidieron. Me criticaron, traté de defenderme, diciendo que no tenía pruebas en contra del acusado, etc. Este joven, un narcotraficante, fue liberado.

También hubo un momento en que un joven fue arrestado por asesinato, afirmó ser inocente, pero había muchas pruebas, testigos contra él. Se me acercó un abogado que defendía a bandidos y que me ofreció dinero para condenarlo. Entonces estaba seguro que él era inocente y; sin embargo, lo condené. No olvido la mirada de ese muchacho, me miró tan arrepentido, tan herido, que no me gusta recordar, pero siempre lo estoy recordando.

Pedí un traslado y vine a esta ciudad. Y tan pronto como cambié conocí a Suellen, que estaba en problemas. Me enamoré de ella, la saqué de la cárcel. Traté de ser honesto, pero gasté demasiado en ella y volví a cometer atrocidades fingiendo ser bueno y honesto.

Yo también tenía motivos para ser asesinado, pero no sé quién lo hizo. Si envié a alguien inocente a la cárcel y si lo dejé ir, son hechos que lamento, y aquí estoy, atrapado, sin las más mínimas condiciones humanas.

Preso por inocentes y en lugar de los culpables.

No creía en nada cuando estaba en mi cuerpo físico. ¡Ironía! Era un ateo convencido. Pensé que el cuerpo carnal habría muerto y que todo habría terminado, que Dios no existía. Si lo hubiera, me lo demostraría. Como si yo fuera así de importante, como si Dios, mi Creador, necesitara probarme algo.

Mi familia afirmaba tener una cierta religión, eso es por estatus, porque nadie la siguió, hasta que yo, dependiendo de la persona, dije que también la seguí. Esperaba que mis hijos se convertirían en más adultos para explicar mi teoría: que Dios no existía. Porque yo, educado, pensaba que la religión era el opio, el vicio de la gente, la distracción que los más inteligentes inventaron para la multitud no se rebelara. Vi muchas injusticias y males, los hice yo mismo, y si Él, Dios, existiera, ciertamente no los permitiría.

Si Él no lo es bueno, no es Dios, y por lo tanto Él fue una invención. ¡Qué ignorante era!

Podría haber buscado y entendido lo que Dios es, este fabuloso Creador, este Padre Amoroso. Recuerdo que una vez en el foro encontré un colega leyendo un libro religioso a la hora del almuerzo, le pregunté sonriente:

- ¿Crees eso?

- Sí. Este libro nos enseña a creer por medio del razonamiento.

- ¡Porque no creo! ¡Demuéstrame que esto es verdad, que Dios existe! - Exclamé, orgulloso, no queriendo que lo demostrara, sino más bien imponer mis ideas.

– Juez, es difícil demostrar algo a alguien que no quiere cambiar su forma de pensar. Y lo que sea que te diga ahora lo tendrás como rebatir. Creo que cuando mueras y no se acabe, tu espíritu continuará vivo, lo pensará de nuevo de otra manera, la de los necesitados - dijo él.

- ¡Voy a tener que esperar hasta que muera para verlo! - Exclamé, riendo.

– Todos vamos a tener algún día nuestro cuerpo físico muerto, Juez, su día llegará - respondió con calma.

Y ahora aquí, en estos años, he pensado mucho, mi cuerpo carnal murió, seguí viviendo, Dios también existe. No era Él que necesitaba probarme a mí mismo, yo era el que necesitaba encontrarlo. Pensar ahora que quien es ateo o no buscó entender a nuestro Padre Mayor o está demasiado orgulloso para verlo en la naturaleza, en el siguiente y en él mismo. Y ese compañero de trabajo del foro tenía razón, nada que me dijo, me probó, me hizo creer. Y el ateo se asusta con la continuación de la vida después de la muerte. ¡Ahora creo en Dios, y estoy avergonzado de haber sido ateo!

– Eleocácio – dijo Mary –, las injusticias se explican por la ley de la reencarnación. Recibimos las reacciones de nuestras acciones, cuando actuamos con maldad. ¡Nada es injusto!

– Tengo miedo de eso, a pesar que obtuve el regreso aquí. ¡Y cómo es malo recibirlo!

Eleocácio fue callado; todos habían escuchado atentamente.

Después de unos pocos segundos de silencio, Zefa dijo:

– ¿No se acuerdan de Vanilda? ¿No la recuerdas, Suellen? Era una chica bonita, debes haberla conocido.

– ¿Vanilda? – Repitió Suellen suspirando.

- Es fácil saberlo - respondió Eleocácio. Tú, Suellen, siempre murmuras ese nombre.

- Sí, ella era mi conocida. Y otra que no me gusta recordar. Vanilda era una hermosa joven que, además de trabajar en una oficina, hizo programas con hombres, vendió su cuerpo, para tener mejores ingresos, y su familia desconocía este hecho, creía que ganaba bien. Una amiga, Lili, que también actuó así, quedó embarazada y Vanilda me pidió practicarle un aborto. Fui a la casa de Lili y Vanilda estaba allí. La hice abortar, pero algo salió mal, no estoy segura de qué era, y Lili murió. Para no ser arrestada, culpé a Vanilda. Eleocácio me ayudó y fue detenida.

– Dejaste que alguien más sea acusada en tu lugar...

- ¡¡Qué terrible!! – Dijo Ademir.

– Eleocácio me prometió que la ayudaría y que ella no quedaría mucho tiempo presa – dijo Suellen.

- ¿Y qué le pasó a esa chica? - Preguntó María Gorete.

– No sé cómo ni por qué murió en la cárcel – respondió Suellen.

- ¿Tenía familia? ¿Alguien que sufrió por ella? – Preguntó Zefa. No sé, debería haberlo hecho, me habló una vez de sus padres, de su madre, que la amaba mucho – respondió Suellen.

- Tú también debes estar aquí por eso – dijo Benedicto.

Una acusó, el otro, a sabiendas de saberla inocente, la dejó en prisión. ¡Bonita pareja!

- Tampoco debes ser inocente. ¿Será que no hiciste nada incorrecto? – Preguntó Suellen.

– No soy inocente y no estoy juzgando, fue solo un comentario, discúlpenme - dijo Benedicto.

– La muerte de esta chica me amarga –dijo Eleocácio –. Ella no era culpable y no supo lidiar con la podredumbre que encontró en la cárcel. Fue muerta, asesinada, y me siento culpable. Solo esperé un tiempo para dejarla ir, y realmente lo iba a hacer, solo que no fue así, ella murió antes.

He cometido muchos errores, y creo que es justo estar aquí.

- Y de Lauro, ¿te acuerdas? – Preguntó Ademir.

- ¿Lauro? ¿Por qué preguntas eso?– preguntó Eleocácio, preocupado.

- Incluso ayudé a sus viejos padres con comida y ropa. Era un hombre inocente al que enviaste a prisión. Sus padres te rogaron y te maldijeron. Y tuvieron otro hijo, que te odiaba por hacerle esta injusticia a su hermano.

- Él puede haber ordenado matarlo – respondió Ademir.

– Recuerdo a Lauro, pero quería olvidar. Es cierto, lo envié a la cárcel, inocente, en lugar de un bandido que me pagó.

Las lágrimas fluyeron abundantemente a través de la cara del ex juez. Se hizo un silencio y Mary pensó que la quietud era aterradora. Oró pidiendo ayuda, tenía miedo de no saber cómo lidiar con ellos. Y recibió pensamientos de aliento de Alfredo.

"¡Mary, lo estás haciendo bien! Anhelan hablar, desahogarse, escúchalos, sabrás aconsejarlos, guiarlos."

"Pero están hablando de sus errores, de hechos íntimos. ¿Será que debería escucharlos?" - preguntó pensando.

"Sí, querida, escúchalos. Son errores que les molestan, mejorarán hablando y haciendo que alguien los escuche, y lo hagan con cariño."

Pero sabiendo que recibiría la ayuda de Alfredo, se volvió más tranquila.

Mary los encontró lúcidos y recordó que Alfredo le había dicho:

"Con tu presencia, con estas hierbas que quemarás y con los vendajes que les quitarán el dolor, estarán menos perturbados para que puedan conversar. Aunque por el momento ya no están tan confundidos."

"¿No es bueno?" - Preguntó la rescatista.

"Aquellos que están en pleno disfrute de sus facultades mentales sufren más en el Umbral. Teniendo una comprensión de todo lo que atraviesan, sentir más."

"Será mejor que sigamos hablando", dijo Mary.

5.-
Benedicto y María Gorete

– Yo también lo pienso, y si nadie tiene nada en contra, voy a hablar de mí... - dijo Benedicto.

Todos, de acuerdo, lo miraron, y continuó hablando:

– Yo era un niño orgulloso y pendenciero, éramos pobres, pero en comparación con otros lugareños, nos consideraban personas de posesiones, porque teníamos lugar, casa y animales. Mi madre era religiosa, pero de los supersticiosos, que siempre decían: esto no puedes hacerlo, eso no, pero nunca explicó por qué. No tenía religión, pensé que era algo aburrido que prohibía todo lo que era placentero. Creía en Dios e incluso oraba en las horas de aprietos, pero nunca asistí a una iglesia.

Siempre he sido muy trabajador, me gustaban las actividades, no era tranquilo, era buen empleado, siempre tenía un trabajo. Y eso es lo que más me incomoda aquí, no hacer nada. Ese es el verdadero infierno, seguir ocioso. Qué malo es pasar horas, días, semanas, meses y años aquí sentado, con dolor y sin hacer nada. Cuando encarné me dijeron que la gente que moría y descansaba; no me conformé y pensé: "morir debe ser malo." Y aquí estoy, muerto, más vivo que antes, sin nada qué hacer, solo pensar y decir mal las cosas equivocadas que he hecho. ¡Esto es horrible! ¡Cruel! ¡Aunque reconozco que fui yo quien fue cruel! ¡Es la ley del retorno! ¡Estoy tan cansado de no hacer nada!

Incluso sueño que estoy trabajando. Quería hacer cualquier cosa, cualquier trabajo.

Sacar la hierba con la azada sería un premio.

Pero vuelvo a mi historia. Yo era muy joven cuando me involucré con una chica y ella quedó embarazada. No quería casarme con ella y nació un niño, pero yo lo cuidaba, le daba dinero todos los meses. El niño se hizo fuerte y guapo.

En un baile peleé con otro joven, fue por, por una mujer joven, podría haber desfilado allí, pero no, donde nos conocimos

Luché. Escuché que quería matarme y comencé a salir armado con una daga afilada.

Una tarde, después de un partido de fútbol, empezamos a discutir y me desafió a esperarlo después que todos se hubieran ido, a una pelea donde no había nadie que nos separara.

Nos peleamos entre los árboles del camino, después de unos puñetazos, cogí la daga y lo maté, solo que no estaba armado.

Temía represalias de amigos y familiares suyos, corrí a casa, recogí algunas pertenencias, me despedí de mis padres, dejé a mi madre llorando y me fui. Fue la última vez que los vi. Monté a caballo y seguí un rastro hasta otra ciudad, donde teníamos un conocido. Dejé el caballo con él para que volviese con mis padres, tomé un tren, fui a una gran ciudad y, después, lejos de allí. Ha habido pocas veces que escribí cartas a mis padres y recibí pocas noticias.

Me enteré que los parientes del joven muerto me buscaron y luego se dieron por vencidos y que mi hijo había crecido. Entonces dejé de dar noticias y no escuché más de ellos. Ya no ayudé a mi hijo. Ahora me gusta, pero antes, encarnado, no me importaba, era indiferente para mí. Dos veces fui arrestado, una vez por merodear y la otro por andar borracho y peleando en un bar, en la confusión rompimos todo. Arrestado recibí una paliza que me dejó con mucho odio por la policía.

Allí he visto muchas penas, abusos, a veces uno tiene más miedo a los compañeros de celda que a la policía. Es un lugar muy malo y triste, donde tienes muchas ganas, remordimientos y donde muchos planes de venganza, pero también de cambiar la vida, para ser honesto. Me quedo pensando que no difiere mucho una prisión de encarnados de aquí del Umbral. Solo allí me bañé, observé el sol y me alimentaba.

Terminé saliendo de la cárcel y decidí dejar de meterme en problemas, no pelear más. Me encantó una chica, era una prostituta muy joven, menor de edad. Ella también me quería, solo que ella estaba conectada a una casa donde un hombre la cuidaba a ella y a otras.

Ganaba dinero siendo un hombre de negocios, como él decía, de las chicas. Me advirtió que me alejara de la chica, pero, enamorado, no lo hice. Envió dos hombres, me golpearon; fue una buena pelea y me lastimé. Por venganza, fui a una ciudad más grande y lo denuncié.

Este empresario fue arrestado, las chicas liberadas y, temerosas de él, se fueron. Fue en esto que conocí a María Gorete y me enamoré. Ella había sido prostituta y le gustaba vivir con lujo y a mí también.

Así que tuvimos la idea de abrir un burdel. Y ganar más y pagar menos a las chicas, las engañaríamos y luego las obligaríamos a hacer lo que queríamos. Fueron pocas los que se quedaron con nosotros queriendo. Tuvimos un buen lucro.

Necesitamos cambiar de ciudad un par de veces y en los últimos tiempos estábamos bien acomodados y con algunas chicas bonitas. Pagué un poco a la policía para no ser acosados, en esto se iba gran parte de nuestras ganancias, pero era parte del juego.

– ¡Qué horror! – Exclamó Suellen –. Yo era una prostituta, pero porque yo quería. ¡Obligar a alguien a serlo es terrible!

- ¡Lo sé! - Respondió Benedicto –. ¿Pues no es justo que esté aquí en este castigo? Siempre recuerdo las caras de las chicas, algunas sufrieron, otros pidiéndome para irse. Las vigilaba, previniendo que huyesen o las engañaba dándoles lujo, viajes, ropa cara, y facturado alto. Esos recuerdos no son agradables en absoluto. Obligar a alguien que hace algo es lo peor que un ser humano puede imponer a otro. ¡Por el amor de Dios, no volvería a hacer nada de eso!

He hecho tantas cosas malas y cuando fui a hacer algo simple, inocente, me mataron.

– ¿Qué estabas buscando, un ser tan despreciable, en la casa de mi tía? – Preguntó Armando.

- Voy a fingir que no escuché tu ofensa - respondió Benedicto -. Fui allí por los sellos. Siempre me gustaron los sellos y los coleccionaba.

Me arrepiento de haber ido, debería haber escuchado a Maria Gorete, que dijo ese día estar con una intuición que algo malo iba a pasar.

– Y no me hiciste caso - dijo María Gorete.

– Pensé que si algo pasaba, sería de noche en el bar, hasta había tomado algunas medidas: alerté a los empleados, hablé con las chicas, les di dinero para complacerlas – dijo Benedicto.

- ¿Y sabes quién nos mató? – Preguntó Ademir.

- No, no, no, no. No conocía al muchacho, pero parece haber sido alguien contratado, sicario, profesional. Pero no estoy seguro – respondió Benedicto.

- Debe haber sido alguien que, queriendo matarlo, lo hizo nos pegó de sobra y se fue - comentó Armando.

- ¡No creo! – Exclamó Benedicto –. Te recuerdo que el asesino buscó al juez con su amante dentro de la casa y los llevó a la habitación.

Reunió a todos y nos mató. Entonces seguimos siendo los siete aquí en esto y deja claro que no hay inocentes entre nosotros, sino al desencarnar hubiéramos ido a otra parte. Nadie sabía que íbamos allí aquella tarde.

– Pero pensé que nos estaban siguiendo – interrumpió María Gorete.

- Tonterías tuyas – respondió Benedicto –. Había observado bien y no vi nada. Entonces, si solo querían matarme a mí o a María Gorete, era mucho más fácil hacerlo en nuestro bar o en nuestra casa.

Creo que estoy muerto por pura tontería por haber estado en el lugar equivocado en el momento equivocado.

- ¡Pero no eras inocente! – Exclamó Suellen.

No, no, no, no. Y tenía motivos para ser asesinado. ¡Soy un asesino! ¡Mi historia no tiene nada bueno de lo que estar orgulloso!

Cuando terminó de hablar, María Gorete dijo:

– Tengo ganas de hablar, creo que al hacerlo me quitaré un peso de encima.

¡Nunca he matado! ¡No tuve un aborto porque no quedé embarazada! Pero tomé los sueños de las jóvenes, maté sus anhelos, les quité años de vida, haciéndolas vivir para que pudiéramos ganar dinero. ¡Eso es horrible!

También pienso todo el tiempo en las cosas equivocadas que he hecho. Me arrepiento, si volviera, no lo haría. Pero también sufrí. Y... mi vida no fue fácil.

Desde pequeña tenían intuiciones, en casa todos se acostumbraron a eso, por lo tanto decía: "Tal persona llegará", y no dio otra; "Vamos a recibir una carta" y ella venía, aunque donde vivíamos no había no pasó nada interesante ni nada muy diferente.

Nunca me importó lo que sentía, ni traté de averiguar por qué tenía estas intuiciones, solo que cuando pensaba que algo malo iba a suceder, tomaba algunas precauciones.

Era la segunda hija de muchos hermanos, de ocho. Mi padre era un bruto.

Lo odié durante mucho tiempo. Mi madre era débil, una pobre que hacía de todo lo que él quería. Vivíamos miserablemente. Pero mis padres se amaban, se querían bien; aunque tuvieron muchas dificultades, fueron unidos. Vivíamos en una cabaña de una habitación; estaba todo junto, cocina y cuarto.

Mi hermano mayor, todavía pequeño, fue a ayudar a mi padre que trabajaba en la tierra. Pero allí la tierra era improductiva, de clima seco, no daba nada. Un día, mi padre me golpeó solo porque pedí comer un pollo. Creo ahora que fue desesperación, no había querido y no quería que pidiésemos.

Tenía trece años cuando mi madre se enfermó, mi padre la llevó al médico que la atendió de forma gratuita, pero no tenía dinero para comprar los medicamentos y ella tenía algo grave si no se trataba podría morir. Él me llamó:

- María Gorete, te voy a llevar a la carretera para que puedas acostarte con un hombre, para tener dinero y salvar a tu madre.

- No quiero - respondí.

- No tienes otra opción, ya lo he decidido. Como es la primera vez, alguien debería darme buen dinero para ti. Vamos, obedéceme, o te golpearé y lo harás de igual manera. Y por nada debes llorar, ¿entiendes? Si lloras, piensas mal, te golpearé tan fuerte que tendrás una semana en salsa en salmuera - dijo mi padre, autoritario.

Era tan inocente, casi analfabeta, que solo tenía dos años escolares, pensé que realmente me iba a acostar, dormir al lado de un hombre, un desconocido.

Fuimos a la carretera. Era una carretera por la que transitaban camiones de carga, vivíamos cerca, a unos dos kilómetros de distancia, y caminábamos. Por la noche los camioneros solían detenerse en un pequeño bar para pasar la noche. Mi padre negoció con uno de ellos. Uno viejo gordo y feo, y fui al camión con él. ¡Fue terrible!

Sentí dolor, asco, miedo, fui violada con el consentimiento de mi padre.

Quería morir, y habría matado a ese hombre si hubiera tenido la manera. Devastada, lastimada, me fui a casa con mi padre y él tenía el dinero para comprar los medicamentos.

Y siempre me llevaba a la carretera. Para no queda embarazada, pagó para que una mujer pusiera algo dentro de mí y nunca quedé embarazada. Era una santera, hechicera, como la llamen. Ella puso hierbas dentro del útero, se dice que son venenosas, todos los meses lo hacía. Creo que quemó las paredes del útero, por una vez un médico, años más tarde, al examinarme, dijo que mi útero parecía haber sido quemado. Esta mujer, para que yo no sintiera dolor, me daba de beber, así es como ella se refería a un té, pero aun así dolía mucho. Mi padre me estaba vendiendo y mejoramos la vida un poco, ya no teníamos tanta hambre. Era un cuerpo elegante y bien hecho, pero muy maltratado. Pensé que era malo tener que ir a la carretera, pero me iba, con miedo a mi padre y sus amenazas.

Mi hermana dos años menor se enamoró y temía que mi padre la llevara a la carretera. Sabíamos que estaba planeando hacerlo. Los dos, ella y su novio, decidieron huir y yo los ayudé. Es la única buena acción que recuerdo que hice. Escondida de mi padre, reuní algo de dinero y les di, se fueron. Cuando mi padre se enteró que había huido y que yo les había ayudado, recibí una paliza que me marcó por todas partes y ni siquiera podía ir a la carretera, me quedé en casa durante días. Mi madre me cuidó; aunque ella me quería bien, pensé que era lo correcto lo que mi padre hacía y que debía obedecerle. Y que hizo lo que era mejor para nosotros en ese momento. Nunca supe de ellos, de mi hermana y de su novio.

Decidí huir también y planifiqué todo muy bien.

Mi padre me revisaba cuando salíamos y ya no podía esconder dinero. Un día funcionó. Todavía había más camiones, me metí en uno, hice el programa, tuve sexo con el conductor, que parecía comprensivo, y le pregunté:

- ¿Me llevarías lejos de aquí? Mis padres me vendieron a ese viejo que me trae aquí y me hace hacerlo. Quiero deshacerme de él y volver con mi familia.

Mentí, porque si dijera que era mi padre, el conductor no querría llevarme.

- ¿A dónde quieres ir? - Preguntó.

- A cualquier lugar, siempre y cuando esté lejos de aquí, entonces me daré una manera de volver a casa - le respondí.

- Muy bien, te llevaré. Pero, ¿cómo te vas a escapar?'

– Voy a bajar y fingir que me subo a otro camión. Vengo escondida acá y nos vamos.

- Muy bien - estuvo de acuerdo.

Y así lo hice y funcionó. Cuando salí del camión, le hice señas a mi padre que me iba a meter en otro, estuvo de acuerdo; hice como que entré y, agachada, volví al otro y me quedé escondida. El conductor, que iba a pasar la noche allí, encendió el camión y se fue. Me sentí aliviada, pero estaba solo con la ropa que tenía puesta y sin dinero.

Calculé que, como tardé mucho tiempo, mi padre fue a ver lo que había sucedido, porque tenía que regresar a casa, no me encontró y dedujo que me había ido con el conductor del camión que partió. Pero no tenía forma de ir tras mí, debe haber estado furioso, porque había perdido la fuente de ingresos.

No sentí miedo, corrimos mucho y el conductor se detuvo en otro lugar para dormir. Me dio comida y tuve sexo con él a cambio. Caminamos durante tres días.

- Ahora, María Gorete, te quedas aquí, esta ciudad es grande y descubrirás qué hacer. Estoy cerca de casa y no puedo llevarte más.

Soy casado y tengo hijos.

- ¡Gracias! - le respondí. ¡Me has ayudado mucho!

Nunca había visto una ciudad, me sorprendió y caminé como boba, tenía hambre, me detuve y pensé: "'¡Voy a conseguir un trabajo!"

Y empecé a tocar las puertas de las casas, pero había dificultades, tenía que dormir en el trabajo, no tenía ropa, e inventé una historia: "Estaba viajando y dormía, cuando me desperté me habían robado la maleta. Salí a buscar trabajo porque nos moríamos de hambre donde yo estaba,

Quiero trabajar para enviar dinero a mis padres."

Después de mucho buscar, una señora me aceptó."

– ¡Caramba, María Gorete, qué vida tan difícil la tuya! ¡Has sufrido mucho! – Exclamó Suellen.

– Esta tal reencarnación, para la cual tenemos muchos cuerpos para vivir en la Tierra, debe ser verdad. Todo esto que sufriste debe haber sido reacción de tus acciones anteriores. Simplemente no entiendo por qué estás aquí – dijo Ademir.

– ¿Por qué? Pronto lo entenderán – dijo María Gorete –. Seguiré haciendo mi narración.

Esta mujer me dejó bañarme y me dio ropa y víveres. Me fui a dormir a una pequeña habitación en la parte inferior, que era simple, pero limpia. Ella me ordenó descansar para comenzar a trabajar al día siguiente. Sabía hacer todo, pero en mi casa, tenía un piso de tierra, estufa de ladrillo, ropa lavada en el arroyo o agua buscada en el pozo.

- ¡No sabes cómo hacer nada! - dijo la señora.

- Aprendo, quiero aprender, mi casa era diferente. ¿Usted no puede enseñarme?

- Puedo, pero no te pagaré nada hasta que aprendas.

Estuve de acuerdo, tener un lugar para dormir y la comida estaba bien.

Y durante tres meses estuve allí trabajando, fue dura, grosera, severa, trabajé duro y siempre estaba cansada. Aprendí a hacer todo, pero ella no lo creía y no me pagaba. Un día, su hijo, que vivía en otra ciudad, llegó y se burló de mí. Por la noche entró en mi habitación, me violó y aun así se burlaba:

- Bueno, ¡ni siquiera eras virgen!

- Al otro día, temeroso de comentar con su madre, él dio un paso adelante y le dijo que lo había invitado a acostarse conmigo. Mi patrona le creyó a su hijo y me despidió, dejándome llevar solo la ropa que me había dado.

Salí a buscar otro trabajo, no lo encontré, dormí en la calle, tenía mucho miedo. Me moría de hambre y no sabía qué hacer.

Así que una chica muy grande se me acercó:

- ¿Qué hace una chica tan bonita aquí, sola y tan triste?

María Gorete suspiró y dio un alto en su narrativa a tomar agua, y Mary pensó: "Sería difícil creer que María Gorete fuera una chica bonita si no estuviera acostumbrada a ver enfermos en el Umbral. En su mayoría son feos, porque están desarmonizados, generalmente están sucios, heridos o enfermos. Esos siete estaban allí casi irreconocibles, pálidos, con sufrimiento y expresiones tristes, eran una sombra de lo que habían sido. Pero sé que eran elegantes, que se vestían bien, que estaban prolijos. Cómo termina todo, infeliz de los que están orgullosos de lo físico, de lo ilusorio, porque todo pasa, termina; solo eso es real, cierto, se queda. Hubo una buena lección para los orgullosos: los nombres de adoración, las posiciones es imprudencia, porque pasan y a veces tan rápido.

Y quién no merecía un rescate, ir a una Colonia o un Puesto de Socorro, ciertamente después de la muerte del cuerpo carnal, hecho eso ocurre para todos, llega al Umbral. Y lo triste que es vivir allí, parece no tener fin, aunque se sabe que es fugaz. Y la ayuda parece llevar mucho tiempo, porque esta ayuda se lleva a cabo cuando el individuo cambia, o quiere cambiar sinceramente, para mejor."

María Gorete comenzó a hablar de nuevo y la rescatista prestó atención.

- Le dije a esta chica la verdad.

¡Ven conmigo! – Me invitó -. ¿Ves mi ropa?

¿Te gusta? Porque puedes tener lo mismo y no trabajar. Soy una prostituta.

Hago por gusto lo que tu padre te hizo hacer.

Y gano buen dinero y tú también puedes ganar. Eres joven, hermosa y tiene experiencia.

Aunque no quería ser una prostituta, fui con ella, fui cansada, desilusionado y muy sola. El dueño del burdel me aceptó y me convertí en una de sus chicas. Empecé a comprar ropa vistosa, no pasé más privaciones. Me enojé, no hice amigos, hablé poco, aprendí a ser cínica y a aprovecharme. Y nunca ayudé a cualquiera incluso con un vaso de agua.

Nunca me gustó ser lo que era. Y cuando encontré a Benedicto vi una oportunidad de dejar esa vida y lo hice. Sola, acostumbrado a tener todo, al lujo, no quería vivir modestamente, ni él. Así que tuve la idea para tener un burdel. Sí, porque sabía cómo funcionaba, eran ellos, los dueños, quienes ganaban dinero; cobraban por todo, alquiler caro de las habitaciones, para tener comida preparada, lavandería y planchado, y tenía que beber y hacer que los clientes pasaran en los bares.

Con todo planeado, montamos uno, pero para tener chicas empezamos a hacer trampa. Ofrecimos trabajos ventajosos e hicimos como si ellas nos debiesen dinero, así que las mantuvimos encerradas y vigiladas. Buscaba chicas en las carreteras y las obligaba a tener una vida promiscua. Les enseñé a evitar el embarazo, pero cuando una de ellas quedaba embarazada, tan pronto como el vientre comenzaba a aparecer, la despedíamos.

– ¿No sentiste lástima por ellas?

- Estaba enojada. Pensé, si pasé por todo eso, ¿por qué no pasan los demás también? ¡No tuve piedad! Sufrí y debería haber ayudado a otros a no sufrir, pero no... Me complació ver señoritas en llanto y sufrimiento. ¡Era mala! ¡Muy mala! Una vez que compramos una niña de nueve años, la dejé con los cuidadores, trabajó como sirvienta. Cuando se hizo joven, la subasté, solo ella sabía lo que estaba pasando. Esta chica se quedó con nosotros por un tiempo, luego terminó huyendo. Y para que obedecieran y no huyeran les pegaba o se quedaban sin comida.

- ¡Qué cosa! No aprendiste nada. Tu padre te hizo esto, sufriste, y cuando pudiste hiciste lo mismo con otras chicas – dijo Eleocácio.

– ¡Creo que cometí más errores por eso! –Exclamó María Gorete –. Las chicas sufrían mis maldades. A veces Benedicto tuvo piedad de una de ellas y quería ayudar y no lo dejaba, incluso peleamos. Y para hacer todo esto, teniendo la casa en funcionamiento, pagamos a los policías.

– ¿No te avergonzaste de hacerle eso a las chicas? – Dijo Ademir.

– No lo hice, a veces lo justifiqué, culpándoles a ellos, dije:

- Quién te dijo que fueras tras las facilidades. Ahora tengo, y mucho, arrepentimiento. Creo que cualquiera de las chicas a las que engañé, que lo hice, podría haberme matado. Pero no veo cómo y por qué lo habrían hecho esto en la casa y contigo.

– Benedicto, ¿no te acuerdas de Isabel?

– Sí, Isabel me denunció y la acusé de ladrona.

Tú, mi querido juez, recibiste dinero de mi abogado para darme la razón. Solo que Isabel no fue detenida, tuvo que abandonar la ciudad y lo hizo con mucho odio.

– Pero ella no hizo nada de esto – dijo María Gorete– porque nos enteramos que Isabel murió, desencarnó después, a causa de un aborto espontáneo.

María Gorete y Benedicto, ¿se acuerdan de Lucía? ¿Una chica que estaba contigo? – Preguntó Zefa.

- ¡Lucía, Lucía! ¡Por supuesto que la recuerdo! – Exclamó Benedicto –. Fue una chica que vino a nosotros engañada, pensó que iba a tener un trabajo y que con eso iba a hacer mucho dinero. Vivía en la ciudad, pero mintió a sus padres que había arreglado un trabajo en otra ciudad. Era rebelde y Mary Gorete tuvo que darle una lección.

– Es verdad – dijo María Gorete –. Lucía no aceptó la vida que llevaba, quiso escapar y quedó en tierra, luego tuvo la desafortunada idea de poner fuego en la habitación. Apagamos el fuego, pero tuvimos una pérdida importante.

La mandé golpear, solo que Celio reaccionó exageradamente y ella se golpeó la cabeza y quedó en estado grave. Temiendo que muriera, la llevamos de madrugada a la puerta del hospital y allí la dejamos.

- Escuchamos que no se recuperó - dijo Benedicto -. Discapacitada, mentalmente débil, sus padres la recogieron en el hospital, solo ellos sabían de nosotros, que la hija estaba con nosotros, y comenzaron a amenazar. Un día, cuando se fueron de casa, fui allí con los empleados y casi lo destruimos todo. Luego se asustaron y se detuvieron de molestar. Pienso a veces en Lucía y me gustaría saber cómo está, si se curó.

- ¿Sientes remordimiento por lo que le hiciste a esta chica? - Preguntó Zefa.

- Siento mucho remordimiento por todo lo que he hecho mal - respondió Benedicto.

– También lo siento – dijo María Gorete –. Incluso podría haber tenido el prostíbulo, estaría mal, pero no me daría tanto remordimiento. Lo que me duele es haberle hecho eso a esas chicas. Las engañé para que hicieran todo eso. ¡Eso duele mucho! A veces la figura de Lucía viene a mi mente toda magullada, con los ojos quietos y abovedados. ¡Creo que merezco estar aquí! ¡Dios mío, qué mal estaba! Pienso mucho en mi vida, aquí no hago nada más, e imagino que podría haber actuado de manera diferente. Ese día, a la intemperie, podría haber buscado más trabajo, no haber aceptado la invitación de esa joven, haber ido en busca de la ayuda de una religión. Pero no hice nada de eso. Lo que he hecho está hecho y las consecuencias están aquí, estoy atrapada en este horrible lugar y sufriendo mucho.

María Gorete se calló y de nuevo llegó el silencio aterrador.

6.- Ademir y Armando

Cuando uno estaba en silencio allí, en esa habitación que era una copia de la cual un día fuera la sala de estar, se podían escuchar los ruidos del exterior: gritos, risas, gemidos que podrían enfriar con miedo a los desacostumbrados, pero a ellos, allí durante años, hace años, no les importó. Si se callan, en la habitación, en ese recinto, hizo silencio, y se escuchaban los ruidos del exterior con más claridad, especialmente si se prestó atención.

- Ademir, Armando, ¿no quieren hablar de ustedes? - Preguntó Mary delicadamente.

– No me gustaría – respondió Armando –. Creo que lo que hice es muy íntimo.

– No me siento cómodo haciéndolo, pero al mismo tiempo creo que necesito hablar. Tal vez mejore. Porque necesito pedir perdón. Y tú, Armando, fuiste el culpable, más que yo, animando a uno a equivocarse – dijo Ademir.

- ¡No me culpes! Si no fuiste declarado culpable no habrías venido aquí con nosotros. No te obligué a hacer nada, lo hiciste porque querías... - dijo Armando, defendiéndose.

– Tienes razón, es más fácil culpar a los demás.

- Tú me animaste, pero lo hice porque quería. Ahora entiendo que siempre escuchamos cosas malas y buenas, pero hacemos las cosas que queremos.

No debería haberte prestado atención.

Ademir hizo una pausa, bajó la cabeza, suspiró y estaba hablando despacio.

– Tenía todo para ir por el camino correcto. Familia estructurada, yo era un hijo amado. Mis padres hicieron lo que pudieron por mí y por mis hermanos. Ya no estudié porque no quería, porque quería casarme, estaba enamorado de una mujer encantadora y buena. Me casé y fui feliz. Tuvimos niños hermosos y sanos. Era religioso, frecuentaba un templo asiduamente y oraba.

- ¿Y por qué estás aquí? Eres el único de nosotros que dice haber sido religioso. ¿Qué te pasó? – Preguntó Suellen, curiosa.

- ¡Era un hipócrita! – Respondió Ademir -. Una persona que tenía religión de una manera externa, de fachada. Porque si realmente hubiera sido religioso, no habría hecho lo que hizo.

- Hasta quería ser bueno, pero no lo hice. A veces pienso, ¿dónde está el Dios que yo adoraba?

Ademir miró a Mary, quien respondió:

- Dios, amigo mío, está en todas partes.

– ¿Incluso aquí? - Preguntó Suellen.

- Sí, incluso aquí - respondió la rescatista.

- ¿De verdad? Me avergüenzo de Dios. Pero, ¿por qué está Él aquí, en este lugar tan feo?– Preguntó Suellen de nuevo.

– No hay lugar donde Dios no esté. Sí, él está aquí y dentro de nosotros – respondió Mary.

– ¿Cómo dentro de mí? – Preguntó Ademir -, ¿dentro de mí si he cometido tantos errores?

- Recuerdo ahora –dijo Mary, tratando de explicar– que leí en un libro que San Agustín era, antes de convertirse, un hombre pecador, que después meditó en ello. Preguntó: "¿Dónde estaba yo, Dios mío, ¿cuándo seguí cometiendo errores?" Y obtuvo la respuesta: "Yo estaba allí a través de tu corazón." "¿Cómo?", se burló Agustín. "Yo estaba siempre presente contigo, pero estabas ausente de mí", escuchó la respuesta. Dios, omnipresente, no estaba ausente del alma de Agustín, como no está ausente del corazón de nadie. Tanto él cómo no sentimos Su presencia. Ignoramos la presencia de Dios en nosotros.

–A veces pienso que podría justificarme y decir que no sabía lo que hacía, pero lo sabía, sí. Creo que todos sabemos cuándo cometimos errores – dijo Ademir.

–La ilusión es fuerte y hacemos nuestra verdad, lo que nos conviene – dijo Eleocácio.

– Lo he pensado– expresó Mary -, un pasaje del Evangelio en el que Jesús en la cruz dijo: "Padre, perdónalos, porque no saben lo que hacen." Hemos cometido errores y muchas veces decimos que no lo sabíamos, pero tenemos todo que saber y deberíamos saberlo. Si la ignorancia hubiera anulado el error, Jesús no habría dicho: "Perdónalos." A pesar que dijo que no lo sabían, le preguntó a Dios para perdonarlos. No perdonas a las personas que no son culpables. Y este no sabía, cuando deberíamos y podríamos saber, es que está mal. La imprudencia es ignorar la presencia de Dios en nosotros y no prestar atención a las leyes divinas, que nos guían para avanzar hacia el progreso, para hacer el bien y evitar todo mal.

– Creo que si pensábamos más o realmente creíamos en eso, no haría tantas tonterías – dijo Benedicto.

- Te diré lo que hice - dijo Ademir, decidió.

Cuando empecé a trabajar para el señor Armando, que ahora es compañero de desgracia y por eso no lo llamo más de señor, así que me di cuenta que no era ni honesto ni trabajador.

– No se te ocurran ofensas – interrumpió Armando.

- ¡No te estoy ofendiendo! No quiero ofender a nadie más – respondió Ademir.

- Está bien, no fui honesto. Puedes continuar, no te interrumpiré más – dijo Armando. Y Ademir continuó:

– Ahora sé que debería haber dejado ese trabajo.

Recuerdo que cuando era un jovencito, tomé dinero que era para pagar una cuota mensual y la gasté, incluso compraba regalos para mi madre.

Estaba de castigo por ello, mis padres me hablaban mucho.

Mi padre me dijo: "Hijo, sé honesto, huye de la tentación, aléjate gente deshonesta." Pero el trabajo era duro, no quería quedar desempleado y pensar que podría vivir bien con mi jefe y seguir siendo bueno. Hice mi trabajo de la mejor manera posible. En ese momento solo yo trabajaba desde casa, mis hijos eran pequeños y quería darles más comodidad. Y terminé no resistiéndome a los incentivos de Armando para hacer ciertos trabajos. Así empecé a hacer extras y gané relativamente bien por ellos. Y traté de justificar cómo obtenemos justificación cuando queremos. "Es para el bien de mi familia", pensé. Con este dinero voy a comprar los remedios para mi suegra, juguetes para los niños, o prestarle a mi hermano, etc. Solo el bien mío no siempre resultaba en el bien de los demás. Y por ese olvido que he ido haciendo cosas malas, acumulando pecados.

Armando tenía una fábrica, una pequeña industria que no daba ganancia, era solo fachada, tener un lugar donde decía trabajar y tener dinero. Era cobrador de deudas, cobraba porcentajes de lo que recibía y empecé a ayudarlo. Fue a la gente y los amenazó; si hubiera estado solo en las amenazas, hoy no sentiría tanto remordimiento, aunque humilló a la gente. Pero cumplió las amenazas; golpee a mucha gente, rompí sus objetos, los destruí sin dejar ninguna evidencia. Y eso no fue solo para cobrar deudas, pero también por motivos simples, descontentos, peleas. Recuerdo, para mi infelicidad, todo muy bien y que así hice que se derramaran muchas lágrimas. Pero en algunos casos recuerdo con más remordimiento. Una de ellas es la de una señora viuda que tuvo que sacar al hijo de la escuela para pagar los intereses exorbitantes.

Otro es la de un caballero que, tras una paliza, se sintió tan humillado que se suicidó. Y otro... Bueno, esto es lo más triste. Por órdenes de Armando y por mucho dinero, causé un accidente y una persona murió.

Ademir suspiró y dejó de hablar; Suellen le preguntó:

- ¿Mataste a alguien? ¡Eres un asesino!

– ¡La maté! – Ademir exclamó triste y continuó hablando.

Asesino... término fuerte cuyo significado solo llegué a conocer cuando fui asesinado. La intención era matar y lo hice de una manera que no fuera descubierto y no lo fui. Y para engañarme, encarnado, tenía en mente que acabo de causar el accidente, pero lo que hice fue un asesinato planeado y a sangre fría. Maté a alguien que ni siquiera conocía y eso, todo – indicó -, fue bueno. El retorno llegó rápidamente, me mataron, y no fue solo. Sí, todavía vine aquí, a este lugar horrible, y sufro por lo que hice.

Pero yo fui la causa del sufrimiento de muchas personas y lo que siento ahora es justo. Como ven, la di de un santo y estuve muy mal.

- Ahora, dime Armando, ¿cuéntanos por qué me pagaste para matar esa persona?

- ¡No quiero! ¡No voy a decir nada! – Exclamó Armando.

Se tranquilizaran por un instante.

- ¡Hola, chicos! ¿Cómo están ustedes? ¿Demasiado movimiento?

Un desencarnado entró en el lugar hablando en voz alta. Era un hombre negro alto, fuerte, ojos rojizos y medio desnudo. Ríe y, al ver a Mary, su risa pasó a sonreír un poco forzado. Examinó el lugar y no supo qué hacer. Y Armando, que quiso desviar de sí la atención de todo, dijo:

- ¡Oye, Damián! ¡Siéntate! Esta es Mary, una socorrista que está aquí tratando de ayudarnos. ¡Salúdala!

– ¡Buenas tardes, señora!– Dijo Damián.

Siempre vengo aquí para saludarlos. Lo siento si bromeo. Hablé de movimiento para alegrar el ambiente, sé que no salen del lugar. Pero no tardaré mucho.

– Quédate Damián – ordenó Armando –. Dile a Mary que eras esclavo, que siempre nos habla.

– Creo que interrumpí una conversación seria. ¡Ya voy saliendo! ¡Nos vemos luego!

Damián salió y todos miraron a Armando, invitándolo a hablar de sí mismo. Maldijo y, al ver que no se habían rendido y que tenía todo el tiempo para esperarlo, decidió decir:

- Tengo que decirles lo que hice cuando estaba encarnado. Aquí nadie tuvo una vida digna. Y si nos preguntamos quién nos asesinó y por qué, debo continuar la conversación y hablar de mí. Después, ¿cuál de ustedes me criticará? Cada uno tiene sus errores. Estoy indignado de estar aquí. No era muy religioso, pero en mi religión me lo dijeron claramente, afirmaban, que si hacía ciertas cosas no moriría sin ayuda espiritual. Un hombre de Dios me perdonaría mis pecados.

- Qué extraña expresión es esa, "hombre de Dios"– dijo Benedicto –. Todos somos de Dios, o deberíamos sentir siempre la presencia del Padre en nosotros, como nos dijo Mary. No debes quedarte indignado. Abusaste, hiciste algo para tener el retorno, con interés, y no de manera sincera.

– Tú, mi querido Armando – expresó Mary – pensaste que podría tener un intermediario entre tú y Dios; mientras que deberías tener a estas personas como consejeros, guías simples hacia el progreso espiritual. Porque nuestra vida debe ser una vida cotidiana bien vivida, con la creencia que el reino de Dios está dentro de nosotros.

Nuestra solicitud de perdón debe dirigirse a aquellos a quienes ofendemos, a quienes dañamos y a Dios, por ignorarlo dentro de nosotros. Muchos como tú se decepcionan al sentir sus errores aquí, en el plano espiritual, después de han sido perdonados por intermediarios. Porque nadie puede hacer por nosotros lo que nos corresponde. Pueden orar por nosotros, enviar buenas energías, pensamientos que nos ayudarán, pero si queremos ser, tenemos que hacer. Nosotros mismos debemos orar, pedir y cambiarnos a nosotros mismos. Y tú, Armando, si te hubieras confesado a un hombre de Dios, como dije, y no habías hecho tu parte, de nada serviría. Porque cuando te equivocabas lo hacías sin el consentimiento de una buena persona. Gente buena incluso ayuda, y cómo ayudan, pero no pueden hacer por nosotros lo que nos cabe.

Todos prestaron atención y estuvieron de acuerdo, y Armando reanudó su narrativa:

– Solo tuve un hermano, Arnaldo, que desencarnó joven, a los dieciséis años. Mis padres me protegieron mucho, tenían miedo que muriera.

Además. Mi madre desencarnó y mi padre poco después también hicieron su paso a la vida espiritual; Para entonces ya estaba casado. Nunca tomé nada en serio cuando encarné, era derrochador y mi esposa, la primera, no estuvo de acuerdo. Fui mucho a fiestas, viajé y luego gasté toda la herencia que me dejó mi padre.

Mi familia era pequeña, mi padre solo tenía una hermana, la tía Zefa, que estaba casada y solo tenía una hija, Julieta. El esposo de la tía Zefa, el tío Adauto, siempre me llamaba la atención, y cuando desencarnó, se hizo más fácil tratar con la tía y quitarle dinero. Bueno, ella me lo daba, me sacaba de los aprietos por los que estaba pasando. Por eso no estoy de acuerdo con el hecho que ella está aquí. Siempre has sido buena, me has ayudado, como también a orfanatos, hogares de ancianos y amigos.

Mi primera esposa era súper pesada, así la encontraba, pero ahora entiendo que ella quería que yo cambiara, que me convirtiera en una buena persona. Nos separamos y dejé a mi hija, Erica, con ella y apenas las vi ni las ayudé. Me volví a casar con Magali y tuvimos dos hijos; con ella me complementaba, era derrochadora, tan insensata como yo.

Cuando mi prima desencarnó, la hija de la tía Zefa, Julieta, empecé a cuidar a la tía. Aunque me gustaba, no lo hacía por sentimiento, sino por el interés de tomarle fortuna. Era su único pariente.

Siempre he tenido amantes, he vivido en negocios turbios y en estos años aquí sufriendo por lo que hice. Ademir tiene razón, pienso mucho también y me siento responsable del señor que se suicidó por no tener forma de pagarme y a los que pasaron hambre para deshacerse de nosotros, pagándonos. Tengo remordimiento por las chicas mal encaminadas, convirtiéndolas en prostitutas. Y lo que me duele mucho es una violación. Una pareja me debía una gran cantidad de dinero, no tenía forma de pagar y tenía una hija muy hermosa de dieciséis años.

Cuando la vi la codicié, di a entender que poseyéndola perdonaría la deuda. Sus padres me la ofrecieron y me aseguraron que era virgen. Fui a la casa de ellos, que se fueron, dejándome con la niña. Ella me explicó que por los padres hacía todo porque iban a perder la casa en la que vivían y no tenía a dónde ir. Ese papá había pedido dinero prestado porque la madre se había enfermado, que me iba a pagar poco a poco, conseguiría un trabajo. No me importaba, todo eso era su problema, no el mío. Luego suplicó, lloró, era muy hermosa y despreciaba sus súplicas; como no cedió, la violé.

La joven era realmente virgen. Después de saciar mis instintos, salí de la casa y le devolví los pagarés a su padre al día siguiente y nunca más supe de ellos. Es horrible recordar eso. Tu llanto sentido está en mi mente, veo esas escenas como si estuvieran sucediendo ahora, recuerdo que su rostro sufrió y me dijo que me odiaba y que un el día que iba a vengarse.

- ¿Y será que Sílvia realmente no se vengó? Ella sería bastante capaz... - dijo Benedicto.

- Su nombre era Sílvia. ¿Cómo lo sabes? – Preguntó Armando.

– Sílvia estuvo con nosotros por un tiempo, fue una de las pocas que trabajó en el burdel por su propia voluntad. Luego se fue con un hombre. Ella no solo te odiaba, sino que despreciaba a sus padres – respondió María Gorete.

– Tú, mi querido Armando, has propagado el odio. ¿Entiendes lo que has hecho?

Separaste a una familia y colocaste en el corazón de una niña de dieciséis años ese mal sentimiento – dijo Mary. Armando bajó la cabeza y Benedicto dijo:

– Y de Margarita, ¿te acuerdas?

- Pero a esa no la lastimé - respondió Armando.

– ¿No realmente? – Preguntó Benedicto -. Yo no te conocía, solo de nombre, llegué a saber quién era aquí, en este lugar. Pero sentía pena por ella.

Margarita era una chica que nos servía y tú la ayudaste a escapar.

– Me enamoré y lo hice, sí. Pero después de un tiempo me cansé de ella, y como se enfermó, la mandé lejos.

- ¡La mandaste lejos porque se enfermó! – Exclamó Suellen –. ¡Qué horror!

– En ese momento pensé que era correcto. Hoy no haría eso, debería haberla cuidado. Espero que Margarita esté bien – dijo Armando, siendo sincero.

– Aquí queremos que los que perjudicamos estén bien.

Pero, ¿será que lo están? Mejora nuestro remordimiento pensar que están bien.

Pero analicemos con frialdad: no deberían estarlo.

Quién recibe una maldad, sufre - dijo Suellen suspirando.

- Y ocurrió el accidente, ¿no, Armando?

Del que Ademir habló - preguntó Zefa.

– Sucedió, también es un tormento pensar en ello. Planeé y matamos a una mujer joven, y su madre y el novio sufrieron mucho.

- Dime, Armando, cómo mataron a Julieta – preguntó Zefa –. Siempre he tenido curiosidad por conocer los detalles.

- ¿Sabes que fuimos nosotros? ¿Lo sabías? – Preguntó Ademir, afligido.

- Sí, lo sabía - respondió Zefa.

– ¿Qué no se sabe el uno del otro aquí? – Preguntó Eleocácio. Ademir, ¿por qué te preguntas si Zefa ya era consciente de esto?

- Lo siento mucho. ¡Perdóname, Zefa! ¡Por el amor de Dios, perdóname! – pidió Ademir, llorando -. Ten piedad y dime que me perdonas. No puedo mirarte, nunca pude.

- Pide perdón y piedad - dijo Suellen -. Al haber cometido un error, la víctima también pudo haber pedido clemencia y nosotros no la tuvimos. Pienso en los fetos que maté pudieran hablar, me habrían pedido clemencia, no la tuve. Todos nos damos cuenta que tú, Ademir, no conseguías mirar a Zefa. Simplemente no sabía por qué. Eres un asesino, tanto como yo, mató a su única hija.

- ¡Puedes mirarme, Ademir! - Exclamó Zefa -. Y deja para pedir perdón más tarde. Ahora habla, Armando; ¿qué le hiciste a mi Julieta?

Armando y Ademir lloraron, el llanto sincero del arrepentimiento.

Armando después de unos minutos se controló y dijo:

- Me interesaba tu fortuna, tía; la quería para mí. Pero estaba Julieta, la prima aburrida y apagada, ella que iba a heredar todo. Cuando consiguió novio, iba a casarse, vi que la fortuna nunca iba a ser mía y decidí actuar. Entendí que si ella moría yo sería el heredero como único pariente. Planeé bien todos los detalles y eso es lo que hice, con la ayuda de Ademir, maté a mi prima.

Hicimos todo bien hecho; seguí a Julieta durante dos meses y vi que ella en los miércoles volvían solos en la noche del conservatorio de música, porque el novio tenía clases en otro lugar. Julieta no conducía bien y sería fácil causar un accidente con ella en la carretera.

Casi en el momento de su partida, de irse a casa, la llamé:

- Julieta, tía Zefa tuvo un accidente. Ella fue a la ciudad cercana con José y el coche chocó contra un árbol. La tía está en el hospital y yo estoy con ella. No te preocupes, no es nada serio. José se lastimó más. La tía sufrió un corte en la cabeza, tomó puntos de sutura y el médico quiere que se quede internada, para pasar la noche aquí. Me he encargado de todo no te preocupes. Ven aquí, la tía te quiere cerca. ¡Ven rápido!

No vuelvas a casa, ven aquí. Te estoy esperando - Julieta creyó, porque mi tía salió demasiado con José el chofer.

Preocupada, ella quería saber los detalles y me lo inventé. Conocía a mi prima y sabía que vendría rápido, pero aun así recomendé que no hablara con nadie y vino sola. Temiendo que mi prima dudase de la llamada telefónica o se detuviera para recoger algo y luego ver a la tía, decidí un plan, si esto sucediera: iría a su casa y diría que había recibido una llamada telefónica de Julieta diciendo que la tía estaba enferma. Juraría que era la voz de mi prima. Así que ambos serían víctimas de engaños.

Quería que viniera sola, pero estábamos preparados para matar a uno más si venía con el novio. Y Julieta, como siempre obediente, vino sola. El camino para llegar a la ciudad cercana tenía muchas curvas bordeando montañas y muchos precipicios. Y fue en uno de estos que Ademir la esperó con la furgoneta, emparejada con ella, la empujó y arrojó su auto fuera de la carretera.

Julieta no supo cómo escapar, debe haber entrado en pánico, sin saber cómo actuar, y su auto se desbarrancó en el precipicio y murió.

Armando se calló y Zefa dijo:

- ¡Así es como la engañaron! Nunca pude entender qué Julieta estaba haciendo esa noche, en ese camino, sola. Tú me preguntaste muchas veces. Lo entiendo ahora. ¿Sufrió?

Respóndeme, Ademir, ¿ella sufrido?

– No, Zefa, Julieta murió al instante. La empujé con el camión, la tiré de la carretera. Inexperta no pudo deshacerse y se cayó por el acantilado – respondió Ademir.

Zefa lloró y Suellen dijo:

- No te pongas triste por eso más, Zefa, ha pasado un tiempo.

Zefa se limpió la cara con la mano, dio un suspiro y varios otros fueron escuchados. Hasta que Mary lo hizo, nuestra rescatadora luchó por no quedarse triste, pero conmovida, se sintió debilitado y nuevamente escuchó la voz calma de Alfredo:

- Cálmate, Mary, no te escandalices, míralos como son: personas que cometen errores. Ellos sufrieron, y tú estás ahí para intentar que comprendan entender la necesidad de cambiar. Que su arrepentimiento los haga cambiar. Recuerda que Jesús no condenó a la mujer adúltera, pero le recomendó que no se equivocara más.

Más tranquila, dirigió la ayuda de la mejor manera posible.

- Tú, Armando, fuiste un hombre tremendamente ingrato. ¡El peor de todos nosotros! – Exclamó María Gorete –. Dijiste que tu tía era buena, que te ayudó. ¡Qué ingrato fuiste!

- ¡La ingratitud es lo peor que hay! - Exclamó Suellen.

Para hacer daño a los que odiamos, incluso puedes poner excusas; a quienes no conocemos, podemos imaginarlos malos. Pero perjudicar a los que queremos bien y haber hecho tanto por nosotros es demasiado malo. ¡Discúlpame, Armando! Te estoy juzgando. ¿Quién soy yo para esto?

Soy una asesina como tú. Sabiendo ahora de la reencarnación, tal vez haya matado en los abortos afectos o personas que me ayudaron.

- No quería que la tía supiera eso. Al principio tenía miedo de su reacción, entonces no quería que sufriera más. Sí, porque pensé que si supiera tendría una decepción que aumentaría su dolor. Fui imprudente y mezquino, solo tengo que disculparme. Si pudiera levantarme de aquí, de rodillas le pediría perdón – dijo Armando, sincero.

– La ingratitud hace más daño a los que son ingratos– opinó María Gorete.

- Puede doler a quienes lo reciben, pero dolerá mucho más a los ingratos.

– Eso es cierto – dijo Mary, explicando –, porque quien lo hace por amor, de manera sincera, el bien, no espera recompensas ni un simple "gracias." La ingratitud puede incluso herir al benefactor, pero debe pasar pronto, y como dijo, María Gorete, algún día le dolerá mucho a quien fue ingrato. Ser agradecido es una señal que el individuo aprende a amar de la manera correcta. Las personas agradecidas se vuelven receptivas a recibir más mientras que en el ingrato a menudo esta receptividad se corta por sí mismo. El que no puede agradecer no merece recibir. Pero tú, Suellen, dijiste bien: no nos corresponde a nosotros juzgar a nadie aquí. Armando fue ingrato, reconoció su error.

– Y es cierto, reconozco mi gran error y ¡si retrocediera en el tiempo no sería más ingrato! Si alguna vez vuelvo a vivir con la tía Zefa, ¡seré su esclavo! – Dijo Armando.

- No lo quiero – respondió Zefa –. Ya no me importa tu ingratitud. Lo he sentido, ahora creo que lo entiendo. Si puedo elegir, no te quiero a ti ni a Ademir cerca de mí. No les quiero mal, pero no creo que sea posible amarlos.

- ¡Qué banda somos! Teníamos todas las razones para ser asesinados. Pero hablamos y todavía no sabemos quién nos asesinó y por cuál de nuestros errores.

– Es cierto – habló Eleocácio –. Yo, como juez acostumbrado a juzgar crímenes, no tengo ni idea de lo que nos pasó.

–¿Será que nunca lo sabremos? – Preguntó María Gorete.

- Les recuerdo que falta que hable Zefa - dijo Benedicto.

- ¡Deja a mi tía! – exclamó Armando –. Ella ya sufrió mucho. Y aparentemente hay injusticia después de la muerte del cuerpo. Debe ser una continuación, no solo de la vida, porque no terminamos, sino de todo, y las injusticias continúan. Tía, yo sufriría en tu lugar. Me lo merezco; ¡Tú, no!

– No, mi querido Armando, en el Plan Espíritu no hay injusticias.

A menudo se piensa que ciertos eventos no son justos, pero solo necesitamos mirar con frialdad y entender que no hay injusticia ni en el plano físico - aclaró Mary.

- Lo sé, es por esta tal ley de reencarnación - dijo Maria Gorete.

– Ustedes saben muchas cosas, usan los términos correctos, hablan mucho sobre reencarnación. ¿Cómo saben eso? – Preguntó Mary.

- Fueron los primeros socorristas los que nos lo dijeron - respondió Suellen.

– Así es como – dijo Zefa –. Son los samaritanos, la gente como tú, Mary, que nos han visitado y nos has contado cosas bonitas y útiles.

- Y cuando vienen, estoy menos perturbada. Pero nunca me sentí como ahora, tan lúcida - dijo Suellen.

Mary entendió que Alfredo la ayudaba enviándoles fluidos para que todos pudieran mejorar, hablar de sí mismos y ser ayudados, socorridos.

– ¡Yo también me siento así!– Exclamó María Gorete –. Estaba muy perturbada.

7.- Zefa

– Fue todo muy confuso lo que nos pasó – expresó Zefa –. Cuando, esa noche, estaba recibiendo el impacto de las balas, pasé por un extraño entumecimiento. El primer disparo me hizo caer, no sé explicarlo, pero escuché otros disparos y recibí el segundo.

Quería morir para dejar de sentir todo eso, pero, pobre de mí, ya estaba muerta.

Mi cuerpo había muerto y continué... Seguimos vivos. Figuras nos sacaron de la habitación, hoy sé que fueron residentes desencarnados del Umbral, tomaron nuestro espíritu, nuestro verdadero yo, y lo trajeron aquí. Creo que nuestro cadáver fue enterrado.

Aquí nos quedamos quietos, cansados, con dolor y esas figuras que se reían, burlándose de nosotros, se fueron. Creamos la habitación, no sé cómo, pero lo hicimos, y nos quedamos aquí sin salir del lugar.

Creo que durante años quedamos como locos. Poco a poco, mejoramos a partir de esa perturbación, pero no del sufrimiento. Y cuando vienen los buenos espíritus a visítanos, mejoramos. Y fue a través de estas conversaciones que aprendimos un poco. Y el tema que más nos interesó fue la reencarnación, tal vez porque nos dio la esperanza de salir de aquí, terminando con este sufrimiento y renacer, tener otra oportunidad de vivir en otro cuerpo, para tener un reinicio y olvidar.

Zefa suspiró y todos también. Y de nuevo el silencio; esta vez no se escuchó nada desde afuera. Mary se levantó y abasteció de agua el vaso de cada uno, les dio pan y fruta y cambió los apósitos. Lo hizo con suavidad, con cariño y escuchó de cada uno de ellos un agradecimiento. Hicieron una pausa y cada uno pensaba en lo que escuchara.

Cuando Mary se sentó de nuevo, Eleocácio dijo:

- Es triste escuchar todo esto. ¡Todos somos culpables! Vamos a intentar recordar, para aclarar, lo que estábamos haciendo en la casa de Zefa aquella noche.

- Fui a encontrarme con Eleocácio - dijo Suellen.

- ¡Y yo contigo, por supuesto!

– Yo fui a ver las estampillas – dijo Benedicto –. Me encantaban las estampillas, era coleccionista. Creo que fue lo único que me gustó y por lo que no hice daño a nadie.

– Fui allí esa noche acompañando a Benedicto – expresó María Gorete.

- Fui a hacer un trabajo para la tía, como un favor para él - dijo Armando.

– Y yo acompañé a Armando – dijo Ademir.

– Todo es demasiado simple, tal vez por eso es tan complicado – expresó Eleocácio.

- Falta, Zefa, para hablar. ¿No quieres quitártelo del pecho también? Todos se sentían mejor cuando hablaban de sí mismos – dijo Mary.

– Eso es cierto – interrumpió María Gorete -. Mejor después de compartir mis sufrimientos íntimos y también me gustaba escuchar, me hacía bien. Después de todo, hemos estado juntos durante tantos años y debemos ser más que compañeros de desgracias, debemos ser amigos.

- Tienen razón - dijo Zefa lentamente –. Es justo que yo hable y que ustedes también sepan de mí.

Solo tenía un hermano como familia. Mis padres desencarnaron temprano, yo tenía doce años y mi hermano diecinueve. Ellos murieron en un accidente de tren. Este hermano mío se convirtió en un padre para mí, me cuidó y nunca me abandonó, con todo el cariño y la atención. Cuando se casó, continué viviendo con ellos; mi cuñada era muy buena, éramos amigas.

Conocí a Adauto en una feria; aunque me pareció algo extraño y feo, empezamos a salir. Tenía una historia triste. Había huido de su país en la guerra y viniendo como inmigrante al nuestro. Sufrió mucho, pasó por mucha hambre y necesidades y tuvo muchos trabajos.

Vivía en una pequeña habitación y tenía poca ropa.

Tuve lástima de él y lo ayudé. Siempre me contaba su historia. Antes de la guerra vivía con su familia en una buena casa; vivían tranquilamente, tenían una situación estructurada. Cuando comenzó la guerra, se preocuparon mucho y comenzó a vivir con miedo. Era un adolescente cuando la sucedió tragedia. Su padre le había ordenado que hiciera una entrega y cuando regresó a casa había sido bombardeada y todos habían muerto, sus padres, dos hermanos y una hermana. Se desesperó, los enterró allí en el patio trasero. También quería morir, y algunos vecinos lo ayudaron. Esta familia se estaba preparando para huir y lo invitó a seguir, y Adauto se fue con ellos. Tenían muchas dificultades, caminaban mucho, estaban sin comida, sufrieron muchas penas, pero lograron embarcarse en un navío. Nunca supo de sus otros familiares, los que se quedaron en su país. Pensó que estaban muertos. En medio de la fuga, se separó de estos vecinos y estaba solo en el mundo.

Adauto era pobre, pero muy trabajador, mi hermano al principio no quería que estuviéramos juntos, pero terminó aceptando.

Nos amábamos y nos casamos. Éramos pobres, pero Adauto, además de trabajador, era inteligente, y con mi ayuda mejoramos nuestras vidas.

Eso fue gradualmente, con ahorros y mucho trabajo. No podía quedar embarazada y lo sentía, quería tener hijos y aumentar la familia.

Mi hermano y yo siempre estuvimos juntos, era como si tuviéramos una familia. Y fue una tristeza cuando por una enfermedad inesperada Arnaldo, hermano de Armando, desencarnó. Sufrimos mucho por ellos.

Pasaron los años, ya teníamos algunos bienes raíces y deseábamos más que todo tener hijos. Fui a un médico, a escondidas de Adauto, porque él pensaba que era una tontería. El médico no encontró nada malo en mí y dijo que tal vez él era mi marido infértil. También lo pensé, porque me dijo que cuando se escapó estaba enfermo, con mucha fiebre, y que tenía muchos dolores.

Incluso pensé en adoptar un niño, Adauto no se sintió alentado por la idea, para él éramos los dos. Pero no para mí; quería un hijo. Así que tuve una idea. Decidí engañar a mi esposo para quedar embarazada. Si hacía todo bien hecho, bien planeado, nadie se enteraría.

Y justo después tuve una buena oportunidad. Adauto iba a viajar por negocios a un pueblo costero donde había un famoso puerto. Insistí en ir con él y terminé yendo. Mientras él trabajaba, me alojé en el hotel.

Me fui dispuesta a conocer a alguien y tener relaciones sexuales para quedar embarazada. Y que mejor sería un marinero porque estaría seguro que no lo vería más. Así fue como conocí a un alto y simpático marinero en el puerto. Salí con él tres días. Luego se fue y volvimos a casa.

Y funcionó, quedé embarazada. Le dije, todos felices, Adauto, que se quedó conmigo luciendo asustado. Pensé que de tan alegre había tomado un shock. Pero fue muchos años después que, en conversación, comentó que la enfermedad que tenía mientras huía lo hacía infértil. Y Adauto en ese momento nada comentó, luego se relajó y continuó amoroso, amable; acompañó mi embarazo, y cuando Julieta nació, era tan feliz como cualquier padre. Quería un chico, pero se quedó con mucho gusto, mi hija estaba sana y se hizo fuerte.

Hoy sé que Adauto sabía de la traición, pero amado, tenía miedo de perderme y decidió aceptar el hecho y el hijo que esperaba como si fuera suyo. Le estoy agradecida por eso.

Solo que Julieta no era bonita, sino desarreglada, le gustaba mucho estudiaba, era pequeña cuando quiso aprender música, tocar el piano y violín. Confieso que me decepcioné con ella, siempre imaginé que mis hijos serían brillantes, alegres y querían que Julieta fuera hermosa, y llamar la atención. Cuando Armando dijo que era apagada, tenía que estar de acuerdo con él y tal vez para muchas personas ella era aburrida, una intelectual que dormía, a su manera, a los menos inteligentes. Pero la quería mucho.

Esta traición siempre ha sido un secreto mío, es la primera vez que estoy hablando de eso. Traicioné a un marido bueno y honesto, que incluso sabiendo que su hija no era suya la crio con amor y nunca me dijo nada al respecto. Lamento mucho ese error.

 Zefa dejó de hablar para enjugar las lágrimas.

Todos la miraron y ella continuó:

– Mi hermano y mi cuñada desencarnaron y lo sentí. Por más que aconsejamos a Armando, pronto terminó con toda la pequeña fortuna que mi hermano con tanto trabajo le dejó.

Adauto me advertía de Armando, siempre me decía:

- Mi querida, sé que amas a tu sobrino, pero debes ver en él sus faltas, que son graves. Es un farrista, un mujeriego, un hombre ocioso y hace negocios con gente sospechosa. Terminó en poco tiempo con toda la herencia de los padres. No quiero criticarte, pero lo has estado ayudando mucho. Ten cuidado con él, no vaya a ser que te arrepientas más tarde.

Y Julieta le dio a su padre una razón:

- Mamá, papá tiene razón. Mi primo es un mal personaje. No me gusta y creo que Armando todavía se va a meter con nosotros.

- Puedo manejarlo – respondí.

Después que mi hermano y mi cuñada fallecieron, me sentí responsable de él, como lo fue su padre conmigo.

- Pero es diferente, tú en ese momento eras pequeña y Armando es un adulto, querida - dijo Julieta.

Y lo vi como un niño sin juicio que necesitaba protección y siempre lo estaba ayudando.

Nuestras vidas corrieron simplemente con Adauto aumentando nuestros bienes. Mi esposo se enfermó, su enfermedad fue grave y las dos nos desplegamos en los cuidados. Él, preocupado por nosotras, tenía el cuidado de aplicar su fortuna en bienes como casas, edificios, para que no nos arriesguemos ni tengamos mucho trabajo. Dividió todo para mí y Julieta, y cuando ésta desencarnó, fue todo para mí.

Adauto sufrió y sufrimos juntos. Permaneció postrado en cama durante meses y finalmente desencarnó. Lo sentimos mucho y lloramos juntas, pero la vida siguió y empecé a dedicarme a Julieta.

A veces discutíamos, porque yo la quería de otra manera, primero que fuese un hombre, después que se arreglase, pero no le importaba sin nada material, era tímida, callada, pero muy amable.

Y fue Maricita, mi criada, quien me hizo entender:

- Doña Zefa, Julieta es una persona especial, no se pelee con ella, déjela ser como es.

Lo entendí, y cuando lo acepté, nos hicimos amigas y no lo discutimos más.

Y seguí dándole dinero a Armando, a veces a escondidas de mi hija. Era mi único sobrino y pensé que me quería bien.

Me emocioné cuando Julieta me dijo que estaba saliendo, pero cuando conocí a Ricardo me decepcionó.

Sin embargo, pronto entendí: los dos parecían haber sido hechos el uno para el otro. Ricardo también era feo, torpe, y los dos tenían los mismos gustos. Él era

profesor de música y, como ella, disfrutaba leyendo. Iban mucho al teatro y a veces fui con ellos. Me conformé, viéndola feliz, y me propuse hacerme planes con los nietos que seguramente vendrían.

Hablamos, ellos se casarían pronto y vivirían conmigo. No tendrían que preocuparse con dinero y podrían continuar con la música o permitirse el lujo de ser músicos, aunque ninguno de ellos tenía talento.

Fue entonces cuando ocurrió el accidente. Pensé que iba a morir, sentí un gran dolor al enterarme que mi Julieta había fallecido.

Fueron Armando y Magali quienes vinieron a despertarme y darme la noticia. Hicieron todo lo posible para suavizar el trauma. La policía había avisado a mi sobrino porque habían encontrado el coche con ella muerta adentro.

Recuerdo bien cada detalle. Esa noche Julieta llegó tarde, pensé que salía con el novio y se iba a dormir. Me desperté con Armando llamándome. Me levanté, angustiada, miré el reloj, era las dos y cuarenta de la mañana. Entré en la habitación de mi hija, llamándola:

- Julieta, parece que Armando me está llamando. ¡Levántate! Ven conmigo y mira lo que quiere. ¡Julieta!

Ella no estaba en la habitación, su cama estaba ordenada. Bajé las escaleras de bozal, abrí la puerta, corrí y al ver a Armando y Magali sentí que algo serio había sucedido.

El velorio fue muy triste, Julieta estaba con el cuerpo todo magullado. No estaba de acuerdo, no quería creerlo, y desesperadamente, la vi enterrada. Ojalá hubiéramos muerto juntas. Armando y Magali fueron serviciales, me llevaron al médico, compraron los medicamentos. Yo oré mucho, pidiéndole a Dios que me llevara, quería morir para quedarme con mi esposo y mi hija. Muchos amigos me hicieron compañía. Ricardo sufrió mucho, realmente amaba a Julieta. Nosotros dos, por mucho que pensáramos, no podíamos entender cómo y porqué Julieta estaba en ese camino.

- ¿Me traicionó? - Preguntó Ricardo.

- No – pensé -; Julieta amaba a su prometido.

"El tiempo pasó lentamente. Mi vida perdió su sentido. No encontré gracia en la nada. Ricardo fue distanciando las visitas. Hasta que un día me dijo que estaba interesado en otra chica. Intenté disimular mi decepción y sonreír. Entonces me di cuenta que tenía que rehacer su vida. Y viudo es el que muere, pensé. Y Ricardo no tenía para sufrir por mi hija toda su vida. Y algún tiempo después, cuando se casó, le di una suma razonable de dinero y le deseé sinceramente que fuera feliz.

Armando continuó llevándome al médico, a comprar mis remedios, haciendo todo lo que necesitaba, y le di mucho dinero y ni siquiera me importaba lo que hiciera con el dinero. Yo no necesitaba mucho para vivir y luego él sería mi heredero y pensé que era correcto que ayudara.

Y mi vida fue muy aburrida, recibí algunas visitas e hice otras y todavía usaba los servicios de José, el chofer, que siempre me llevaba a varios lugares.

Estaba un poco olvidadiza, con presión arterial alta y no me gustaba hacer dieta. Maricita, la criada, era mi compañera, me cuidaba mucho y la ayudaba mucho.

Iba mucho al cementerio. Enterré a mi Julieta con mi Adauto, les hice una hermosa tumba y dos veces por semana rezaba allí, limpiaba la tumba y colocaba flores.

Con estas visitas, me hice amigo de dos damas que tenían los mismos sufrimientos de los que hablábamos mucho, nos lamentamos. Realmente nos hicimos amigas; me gustaron y les gusté también. Iban al cementerio para llorar a sus muertos y a menudo almorzábamos cerca, pasábamos horas hablando.

Y fue entonces...

8.- Delegado Casio

Fueron interrumpidos por golpes en la puerta y por un hombre con una voz fuerte y gruesa preguntando:

- ¿Puedo entrar?

No esperó la respuesta y entró, miró todo, observando en detalle, y dijo:

- Uno, dos... ¿Ocho? ¿Por qué ocho? Si fueron siete los asesinados.

- ¿No son los muertos del terrazo de la casa de la calle curva?

Silencio. Los ocho en la habitación también lo miraron, examinándolo. Después segundos, Benedicto dijo:

– Usted, quiero decir, ¿no es usted comisario Casio? ¿El famoso corrupto de la ciudad?

– ¡Mira la forma en que hablas! – Respondió el hombre -. No permito ofensas.

– ¿No realmente? – Preguntó Benedicto –. No creo que aquí todavía mande a alguien o algo. Recuerdo que me extorsionaste dinero. Fueron muchas veces que le pagué para que continuara con mis actividades. Como también sé que hiciste esto con muchas otras personas. Y este lugar es adecuado para los corruptos. Es decir ¿qué estás haciendo aquí? ¿Qué quieres?

El hombre no respondió, siguió hablando como si no hubiera escuchado a Benedicto.

- Déjame ver si acierto. Usted es Josefina, la dueña del terrazo. Están algo modificados, sucios, despeinados, desarreglados, pero yo, que los he examinado tanto y tengo todo en mi memoria, los reconozco. El juez, su amante, el infame sobrino y su empleado, Ademir, cuya familia me incomodó para que encontrase al asesino. Y los propietarios del burdel. ¿Y quién eres tú?

Señaló con el dedo a Mary, quien respondió con calma:

– Soy una trabajadora del bien y estoy aquí para ayudarlos.

- ¡Ay caramba! ¿Y para ayudarlos tienes que quedarte aquí? – Preguntó el visitante.
Este lugar no es nada agradable.

– Tranquilo ahí, querido – dijo Suellen –. Primero dinos: ¿quién eres tú? ¿Eres realmente el comisario? ¿O sí? Entonces cuéntanos lo que viniste a hacer aquí. Estás siendo un inconveniente.

- Están muy lúcidos. Pensé que los iba a encontrar perturbados, dementes. Hablan bien. Estoy encontrado extraño. ¿Por qué están así? – Preguntó el hombre.

– Te preguntamos primero - dijo Suellen –. Pero tienes razón, con la presencia de Mary, estamos o mejoramos. Pero ya estábamos muy perturbados. Estoy pensando perfectamente y recordando también. Ahora respóndenos, porque tenemos curiosidad.
Entraste aquí como si fueras el dueño del pedazo.

– Soy el comisario Casio, o mejor dicho, lo fui. Hoy soy el comisario o comisarito, como me llaman. Para responder a todo lo que preguntó, necesito tiempo...

– Tenemos todo el tiempo que quieras – dijo María Gorete –. No vamos a salir de aquí. Me gustaría saber qué estás haciendo aquí. Si Mary lo permite, me gustaría escucharlo. ¿Te ocupaste de nuestro caso? ¿Desencarnó?

¿Sabes quién nos asesinó? ¡No!

Casio respondió con señales de cabeza y luego dijo:

– Vine aquí con la esperanza de averiguar quién los asesinó. Deben saber, ¿no? ¡No! ¡Imposible! ¿Cómo los mataron y no lo saben?

– Estimado comisario – respondió Eleocácio –, realmente no lo sabemos. Todos vimos a un joven desconocido que disparó sin hablar nada. Nadie aquí recuerda haberlo visto antes. No sabemos quién es.

– ¡Un asesino a sueldo! – Exclamó Casio –. Tiene que serlo. Pero, ¿por qué? ¿Quién lo envió? ¿Por qué están todos juntos? Me gustaría saberlo, siempre lo he querido. No olvido este crimen. El misterio del terrazo, como se conoció el caso. Si hubiera encontrado a alguien que los mató me habría hecho famoso.

Casio se sentó en el suelo cerca de Mary, y miró a Zefa.

- Extraño verte a ti y a Ademir aquí. Por mis investigaciones Ademir simplemente tenía equivocado el hecho de ser empleado de ese. Tú, mi querido Ademir, aparentemente tienes o ayudó a tu jefe a hacer travesuras. Pero doña Josefina era limpia; es decir, no encontramos nada que hubiese hecho mal para estar aquí en medio de estas malas personas.

- ¡Nos estás ofendiendo de nuevo! – Interrumpió María Gorete –.
Somos, sí, un montón de equivocados. Pero, ¿y tú? ¿Estás libre de errores? No creo que lo estés, de lo contrario estarías en otro lugar. Buenos en el Umbral, solo los socorristas. Si hubieses sido un comisario honesto, no estaría aquí.

No es porque fueras un hombre de la ley que vino aquí, ¿verdad?

Mary se entrometió para explicar:

– Podemos hacer el bien o el mal independientemente de la profesión que tengamos. La oportunidad es la misma para todos.

Entiendo que en algunas profesiones tienen más facilidad para hacer el mal, como en otras tienen una mejor oportunidad de hacer el bien. La profesión del hombre de la ley, como decía María Gorete, debe ser tan responsable como otra cualquiera. Hay buenos profesionales en esta área, como los hay malos.

Ciertamente, Casio no está aquí por su profesión, sino por lo que él fue o hizo.

- ¡Gracias, señora Mary! ¿Puedo llamarte Mary? Gracias.

Tienes razón, muchos de mis colegas que eran buenos desencarnados están muy bien. No culpo a mi profesión por venir aquí al tener mi cuerpo físico muerto. No puedo culpar a nadie, solo en mí, pero nadie quiere escucharme.

– Tengo curiosidad por saber por qué estás aquí en el Umbral.

- ¿Cómo nos encontraste? - Preguntó Suellen.

– Tuve una fuerte perturbación cuando desencarné. Llegué a entender lo que me pasó aquí en Umbral, o en esta región del plano espiritual lo sé. ¡Fue muy desagradable!

Pero dejemos eso allá. Este crimen callejero siempre me ha preocupado, me ha intrigado.

Fui tachado de incompetente por la prensa, mis superiores me exigieron resultados. La familia de Ademir me molestó, querían que descubriera quién lo hizo y por qué lo hizo. No fue un robo, porque no se robaron nada. Y yo... nosotros, de la policía, no conseguimos llegar a ninguna conclusión. La conversación es buena, pero tengo que irme. Tú tienes todo el tiempo, pero yo no.

Tenía permiso con una hora establecida para venir aquí.

- ¿Eres un empleadito del mal o un esclavo? – Preguntó Benedicto.

- Ni uno ni otro, o ambos al mismo tiempo – respondió Casio –. Cuando desencarné, fui desconectado del cuerpo por un espíritu que quería vengarse de mí. Me maltrató mucho.

Luego fui liberado por un residente de aquí que tiene una buena posición en una ciudad umbralina y me quedé allí sirviéndole. Siempre he tenido curiosidad por saber qué les pasó y cuando supe que había un grupo en este lugar, encerrado en una especie de habitación, y que había sido asesinado, pedí venir aquí. Y para que me permitieran tenía que hacer algunos trabajos extra. Pero tengo el momento adecuado para volver.

- Si no vuelves a tiempo, ¿qué te va a pasar? – Preguntó Suellen.

- Voy a ser castigado. A veces puede ser que mi jefe esté de buen humor y me escuche, entonces el castigo puede llegar o no. Pero en la mayoría de las veces se castiga y ni siquiera quiere escuchar justificaciones.

- ¿Y eso te gusta?

- No, no me gusta. Pero no hay otra manera. Y a ti, ¿te gusta quedarte aquí? – Preguntó Casio.

- No, no, no, no. Tienes razón en eso. No tienes otra opción, respondió Benedicto –. No debería ser fácil para ti, acostumbrado a mandar, teniendo que obedecer.

- No lo es. Estoy humillado en todo momento – respondió Casio –. Lo peor es que siempre he sido el hombre de la ley contra los malos y ahora me siento como un bandido, de su lado. ¡Eso es horrible!

– ¿No te arrepentiste de Casio? ¿No tienes ganas de cambiar de vida? – Preguntó Mary.

- Siento, sí. Quisiera cambiar mi forma de vivir, pero no sé cómo. Si desaparezco, o el jefe me atrapa o ese espíritu que quiere vengarse de mí... - respondió Casio.

- ¿Qué pasa si buscas ayuda de los buenos espíritus? - Sugirió Mary. - No sé, no lo sé ¿Me aceptarían? Por lo que he hecho no puedo ser considerado bueno – respondió Casio.

– Si viniste aquí para averiguar quién nos mató, perdiste tu tiempo – dijo Suellen -. Llevamos horas hablando. Todos hablan un poco de sí mismos y no encontramos nada. Yo era...

Suellen dijo, resumiendo lo que hizo, quién era y luego continuó hablando de cada uno, siendo interrumpida a veces por uno de ellos para añadir algo. Y concluyó:

– Como puede ver, señor ex comisario, tenemos muchas razones para haber sido asesinados.

– Ustedes agredieron, actuaron mal y, por lo tanto, estuvieron sujetos a recibir alguna agresión, tener la reacción de sus actos – dijo Mary.

– Como persona acostumbrada a lidiar con crímenes, estoy seguro que todos ustedes no hablaron mucho, están ocultando algo – dijo Casio, mirándolos.

Inclinaron la cabeza, algunos incluso suspiraron y nadie respondió.

– Casio – dijo Mary – ¿por qué no te quedas con nosotros, olvida a tu Jefe, ¿habla de ti y déjame ayudarte?

– No quiero que mi jefe se enfade y no solo me castigue a mí, pero a ti también - respondió Casio.

- Te puedo asegurar que no lo hará. Si quieres cambiar de vida tendrás nuestra protección y tu jefe no podrá hacer nada. Entonces todavía tengo unas horas – dijo Mary.

- Tienes razón en eso. He querido desahogarme durante tanto tiempo, y nunca he conocido a nadie aquí que me escuche.

Cometí un error y lo lamento. ¿Realmente puedo hablar de mí mismo?

- Puedes – respondió Suellen.

– Mi familia estaba unida y sin grandes problemas; yo era un niño activo e inteligente y desde muy joven quise ser policía.

Estudié Derecho e hice carrera en la policía. Me gustó lo que hice. Arrestar a los bandidos era placentero, también desafortunadamente, el abuso sexual de presos. Pronto, cuando era un buen tipo, me di cuenta que no me gustaban las mujeres, pero hice todo lo posible para asegurarme que nadie lo notase.

Justificaba a mi familia, a mis padres y hermanos que no me casaba porque tenía miedo que los bandidos usaran a mi familia, porque mi trabajo era peligroso. Demasiados prisioneros para obtener beneficios eran mis amantes. Fue así que me enamoré de uno de ellos, solo que él no me quería y no aceptó esta sexualidad. Lo obligué, lo amenacé con meterlo en celdas con peligros, lo dejé sin comida, hasta que cedió. Estaba en la cárcel por robo, era hermoso y tenía estudios. Supe cuando saliese de la cárcel, no me querría, así que lo retuve, no lo liberé cuando terminó su pena. Me odiaba, pero mantenía la boca cerrada.

Su familia tuvo éxito con un abogado y un juez lo dejaron ir. Cuando se fue, solo dijo: "Un día, señor comisario, la situación se revertirá, sé esperar." Había mucho odio en sus ojos. Ya no lo vi, viajó, se fue a vivir lejos con miedo de mí. Sufrí, lo amaba y me entretenía con los demás – Casio suspiró, dejó de hablar por un momento.

- Forzar a los demás. ¡Estoy horrorizado por esto! – Exclamó Suellen. ¡No me conformo! ¿Por qué forzar a alguien sexualmente? ¡Fuiste un violador!

– Y aun no ha hablado de la parte corrupta –dijo Benedicto– –.Recibía el dinero de los bandidos y luego dice que no es un bandido.

– Tienes razón, yo era corrupto y violador. Forcé algunos prisioneros, aunque a otros les gustaba servirme. Fui generoso con mis amantes. Estos tenían privilegios en prisión.

Lo lamento mucho de eso; este acto me marcó mucho.

– Tal vez porque sufriste por ello – dijo Armando.

- Es cierto, he sufrido; y les digo: no lo volvería a hacer– dijo Casio.

– La homosexualidad es un problema grave –opinó Ademir –.Todo lo que está en contra de la naturaleza está mal. Cuando encarné, tuve un vecino que no funcionaba como hombre, pero era honesto, vivía solo y nunca tenía amantes. Era una buena persona, siempre ayudaba a los demás y a todos les gustaba.

– ¡Una admirable persona admirable tu vecino, Ademir! – Exclamó Suellen –. Incluso solo vivió honestamente. Y la soledad es algo extraño. A veces estamos cerca de los demás y nos sentimos solos; en otros, al parecer estando sin nadie, no nos sentimos solos. Creo que cuando tenemos algo edificante que hacer, o cuando recordamos hacer el bien, no hay soledad. Desde que mi cuerpo murió, aquí estamos juntos, pero siento mucha soledad.

- Es la falta de afecto verdadero - dijo Zefa.

– ¡Es un hecho complicado el tuyo, Casio! – exclamó Benedicto –. Yo nunca vuelvo a forzar a nadie a hacer lo que no quiere.

Sufro mucho por haber actuado igual que tú, obligando a la gente a ceder. Creo que tú, comisario, erraste más en forzar. No me gusta recordar mis errores, pero los recuerdo.

- ¡Esa es la verdad! Me gustaría olvidar mis males y no puedo.

Estoy consciente de mis errores – expresó Casio.

– Mary, ¿has visto a muchos homosexuales en Umbral?– preguntó María Gorete –. No me gustaron, pensé que eran malos, creo que era todo prejuicios. Y si hubiera sabido que el comisario era uno, lo habría chantajeado.

– María Gorete, conocí cuando encarné a algunos homosexuales, a algunos gente honesta, buena gente y otros, no. Y no hubo prejuicios, escogía amigos por su bondad. Y me di cuenta que hay mucha diversidad entre las personas que se llaman a sí mismas homosexuales. Aquí en el plano espiritual también diverge. Las buenas personas cuando están desencarnadas tienen opción de tomar un tratamiento para comprender las diversas razones de ser como son, recordar el pasado y armonizarse. En el plano espiritual, que cubre Colonias, Puestos de Socorro, no hay unión sexual, y más bien agrupamiento por afinidades, amistades, y puede ver hasta algunas parejas que se aman permanecen juntas, aprendiendo a amarse mutuamente cada vez más. Aquí en Umbral, donde llevo años trabajando, he visto algunos que, encarnados, eran homosexuales y que aquí vinieron por afinidad; de estos, muchos siguen siendo lo que eran. Porque solo nos deshacemos de los reflejos del cuerpo físico cuando aprendemos a vivir sin él, como desencarnados. Y el prejuicio siempre es malo.

– Nunca me gustaron los homosexuales – dijo Armando –. Pero ¿quién soy yo para juzgar a alguien? Buenas personas, las que no tienen errores y siempre están para ayudar, no juzgar. Tú, Casio, engañaste a la gente.

Yo, que pensaba que estaba bien informado, nunca lo supe.

- Me avergonzaba de mí mismo. Temía la opinión de los demás y no temía a mi conciencia – respondió Casio.

- ¿Te gustaba ser gay?

– No – respondió Casio –. No me gustó, realmente creo que Dios hizo al hombre y mujer y viceversa. Pero no por eso vine a parar en el Umbral. Creo que si hubiera sido bueno, tendría la oportunidad de ser rescatado. Me gustaría hacer este tratamiento del que Mary habló y ser hombre o mujer y amar lo contrario. Es triste tener relaciones sexuales y querer ser el otro y, lo que es peor, ser promiscuo –. Suspiró, y siguió hablando -. Me equivoqué casi de repente. Me sentí mal, fui al médico, que me pidió para internarme en un hospital para pruebas, y allí mi corazón se detuvo y no pudieron salvarme. Mi cuerpo murió y este joven de quien estaba enamorado me estaba esperando con odio, él me desconectó de mi cadáver y comenzó mi agonía.

Él y otros desencarnados me maltrataron. He sufrido mucho. Pero entendí cuánto los hice sufrir. Sentí dolor y humillación de la misma manera que lo sometí a él.

Vine a pedirle perdón, pero no me perdonó y durante tres años me quedé con el grupo. Después que la pandilla se disolvió, cada uno fue a un lugar y se desinteresó de mí, creo que se sintió reivindicado y mi jefe actual me recogió como esclavo. Esta vida es horrible; a escondidas, he llorado y maldigo mis errores.

Casio hizo una pausa y Benedicto preguntó:

- ¿Y las corrupciones? No olvides que te di dinero.

– ¿No fuiste tú, Casio, quien nos mandaste matar y aquí vienes solo a ver si nos enteramos? – Dijo Suelen.

– ¡No fui yo! – Respondió Casio rápidamente.

No maté a nadie ni mandé matarlos. Creo que ni intercambio de disparos con bandidos maté a alguien. Un día fui a un servicio religioso y la persona que predicaba dijo que Jesús había dicho: "Lo que Dios unió el hombre no lo separa." Nuestro Creador unió el espíritu con el cuerpo y el hombre no pudo separarlo.

- Pero ahí está la intención, querido - dijo María Gorete –. No lo culpo de mis errores. Creo que dondequiera que estuviera haría algo malvado a alguien, porque yo era malvada. Pero si hubieras estado en lo cierto habría evitado que las jóvenes sufrieran.

– Como tú, yo era corrupto – dijo Eleocácio –, responsable de lo que podría haber evitado y no lo hice. Sigo pensando que, cuando al no arrestar a un traficante de drogas, contribuí a la adicción de los jóvenes; para permitir que un ladrón permanezca en libertad, le permití robar personas; y en el caso de un asesino, le dejé tomar la vida física de alguien.

– Te entiendo – dijo Armando.

Me había impedido hacer tanto mal. Como también creo que es bueno que esté muerto. Si hubiera estado encarnado, habría hecho mucho más cosas equivocadas. Hubiera sido mejor para mí si me hubieran arrestado y pagar por mi crimen.

– Solo que no fue así y no sirve de nada pensar lo contrario – dijo María Gorete –. No se puede cambiar nada de lo que hemos hecho y eso es muy triste. El remordimiento duele mucho. Te maldecía, Casio, por quedarte con parte de nuestras ganancias y ahora, viéndolo sufrir como nosotros, no lo he hecho más. Y si nos hubiera arrestado, sido honesto, solo tendría para bendecir, porque nos habría impedido hacer demasiados males. Siento que por las consecuencias de mis errores hayan desencadenado otros. No solo he dañado la vida de las chicas allí en el burdel, pero lo peor, las hice amargadas, les hice aprender a odiar, a querer venganza, y adictas a la bebida, al tabaco y a la prostitución. ¡No dañé solo el cuerpo, sino su espíritu!

– ¡Es verdad! – exclamó Casio –. Con mis abusos en prisión, hice a muchos odiar y a este joven hasta se vengó. Cuando dejé, por dinero, que la gente siguiera siendo libre para hacer el mal.

– No creemos que cuando se equivoca pierde o puede evitar que alguien más cometa errores y no lo hace, está siendo responsable de los daños, causando mucho sufrimiento - dijo Zefa.

- ¡Qué irresponsable eres cuando puedes detenerlo y no lo haces! – Dijo Suellen.

Pero siempre tenemos oportunidades para arreglarlo, para construir lo que destruimos, de reparar, que aprendamos, que seamos honestos, que nos esforcemos para hacer el bien y ser buenos – dijo Mary.

- ¿Realmente crees eso? – Preguntó Armando.

– Sí, lo creo – respondió la rescatista –. El remordimiento debe ser constructivo. Debemos ser conscientes de nuestros errores, así como de que si pudiéramos retroceder en el tiempo, no volveríamos a cometerlos.

Les recuerdo que Dios es nuestro Padre y que nos ama, y por ese amor la misericordia no nos condena al sufrimiento eterno. Y esa otra oportunidad que tendremos y debemos aprovecharla bien y...

Fueron interrumpidos de nuevo.

9.- El ex Esclavo

Escucharon un fuerte y sentido llanto; venía de alguien que estaba del lado de afuera y debajo de la ventana.

- ¿Quién será? – Preguntó Suellen.

- Alguien que nos escuchó. Es mejor ver quién es – dijo Benedicto.

– Por favor, hazlo, Mary; mira quién es.

Nosotros no salimos de este lugar. Incluso tengo curiosidad y quiero caminar, ver cómo está todo allí afuera – expresó María Gorete.

Mary se levantó, pasó por la puerta y apoyada contra la ventana estaba Damian.

–¿No eres Damián, que nos visitó antes? – Preguntó la socorrista.

- Soy yo -respondió.

– Entra, ven a hablar con nosotros – invitó Mary. Damián entró rápido, todavía llorando. La rescatista se sentó de nuevo en su lugar y él se quedó de pie. Todos lo miraron, curiosos.

Mary también lo observó, el antiguo esclavo era de pequeña estructura, delgado, mulato y cabello lacio.

– Siéntate aquí – dijo Mary, mostrando el lugar entre Benedicto y Ademir. Y tú, Casio, acomódate allí entre Suellen y Armando.

De esa manera, haremos un círculo y podremos hablar.

Se sentaron en el suelo. Suellen preguntó, curiosa:

- ¿Qué estás haciendo aquí, esclavo Damián? ¿No te habías ido?

- Fingí irme, pero tenía curiosidad por saber qué estaba pasando aquí y me paré debajo de la ventana escuchando - respondió Damián.

- ¿Y por qué llorabas? – Preguntó Ademir.

- Lloré porque me conmovió – respondió Damián, limpiándose las lágrimas; suspiró y continuó hablando:

– Me sentí terrible, triste e infeliz. He estado tan equivocado, he pecado tanto; escuchándolos, entendí que estamos aquí porque sintonizamos, nos merecemos, tenemos nuestros errores para atormentarnos. Incluso esforzándose por engañarnos a nosotros mismos, están marcados como hierro al rojo vivo y, peor aun, lo hacen. Así es con ustedes, conmigo. No pude resistirme y lloré; un llanto reprimido hace mucho tiempo.

Volvió a llorar y todos se callaron.

Lo entendieron porque también sentían que las malas acciones marcaban; para algunos son como un hollín pegajoso, para otros, una llaga. Muchos incluso tratan de disfrazarse, o ignorar, tratando de olvidar, pero un día salen a la luz y uno no puede huir de lo que se hizo. A Damián, quizás porque sabe que las quemaduras dejan marcas, comparó sus errores de esa manera. Y fue Mary quien rompió el silencio.

- Damián, ¿no quieres hablar de ti mismo? Podemos oírte.

- ¡Habla, Damián! Siempre he pensado que tu alegría era falsa. Te sentirás mejor después de desahogarse - dijo Suellen.

- No tengo nada bueno que recordar, de qué hablar – dijo Damián, pensativo. Después de un suspiro, continuó hablando en una pausa.

¡Pero quiero hacerlo! Les voy a contar cómo fue mi vida: nací esclavo, en una gran hacienda. Era un niño y aspiraba a servir en la casa grande, porque no iba a las plantaciones de café, donde estaba el trabajo pesado. Así que le pregunté al capataz y a los esclavos que trabajaban en la casa para interceder en mi nombre y esperaba ansiosamente ser llamado.

En esta finca no hubo mucho maltrato, ya que tuvimos conocimiento de lo que ocurría en otros lugares. Se estaba trabajando mucho, poco descanso, la senzala era grande y la comida estaba harta. Es solo que la gente perezosa tomaba latigazos y el castigo por las peleas también era el látigo. Los esclavos fugitivos estaban marcados con hierro caliente como ganado.

Pero casi no hubo fugas, porque no había a dónde ir. Los niños, niños esclavos, jugaban en el patio y pronto tuvieron algunos trabajos para hacer.

El dueño de la finca tenía un hijo casi de mi edad, dos años más joven. Su nombre era Alceo. Y quería servirlo. El siñó quería elegir un negrito para esto; hice todo para ser elegido, pero él prefirió a un primo mío, que era mayor y más fuerte.

Estaba disgustado y decidí impedirlo; planeé y ejecuté mi plan. Hice un agujero y cubrí con paja, entonces llevé a este primo mío al lugar.

Lo invité a ver un nido de pájaro, sabía que le gustaba ver.

Lo dejé seguir adelante para que pudiera caer en el agujero. Dentro del agujero se había colocado un trozo de polla clavada en el suelo, con la punta hacia arriba.

Resultado, además de ello se torció su pie, se hizo un gran corte, perdió mucha sangre. Fingí estar asustado y fui a ayudarlo. Lo llevé a la senzala y luego regresé corriendo hacia el lugar y deshice el agujero. Mi primo tendría que quedarse postrado en cama durante mucho tiempo y fui en su lugar a la casa grande.

Me presenté a mi dueño.

- Siñó, el elegido no puede venir, está herido. Es descuidado, que ciertamente no funcionará para cuidar al pequeño siñó Alceo. Vine en su lugar.

- ¿Y trabajarás? - Preguntó el siñó, riendo.

- Lo haré, señor. ¡Soy flaco, pero soy fuerte y soy inteligente!

- Muy bien, quédate. Si lo haces bien, estarás dentro, de lo contrario, volverás a la senzala.

Mi primo tampoco sospechaba que yo había hecho esto malvadamente, el pobre hombre se quedó con la pierna coja, tenía muchos dolores e incluso me dio las gracias por haberlo rescatado, llevándolo a la senzala. Hice todo lo que pude para ser aceptado en la casa grande, hice todo lo que el chico Alceo quería.

- Parece que me halagas demasiado. Pero lo voy a aceptar, ¡se lo voy a decir a papá te quiero! - dijo el siñóziño.

Me gustaría ser esclavo, quería ser dueño, blanco e importante. Pero como no podía, decidí usar la inteligencia para facilitar mi vida. Casi ya no fui a la senzala. Mi madre se quejó, pero ella estaba alegre de estar bien.

Veía las clases con el pequeño siñó, porque tenía un maestro.

Fui a la granja dos veces por semana, empecé a aprender y, viendo que tenía facilidad y gustaba, Alceo me hizo sentarme con él y mirar y participar en las clases. Aprendería todo rápido e incluso se lo explicaría a mi siñóziño, que era perezoso y desinteresado.

Incluso aprendí a hablar dos idiomas más.

Mi vida era tranquila, porque Alceo estaba ocioso; pero de la ciudad venía un primo suyo, Mariocito, que era una plaga. Él me hizo hacer cosas ridículas, me golpeó y me ofendió. Alceo reía cambiando su comportamiento conmigo. Cuando el Mariocito se iba, era un alivio. En esas vacaciones, justo al principio, decidí mandar a ese primo indeseable lejos.

El siñó Alceo y su primo estaban en la habitación. Salí y me quedé en el jardín, debajo de la ventana de la habitación en la que estaban. ¿Sabía que en ese momento el Siñó iba a la plantación y pasaba por allí. Me quedé como si vigilase y cuando vi al siñó fingí estar asustado. Funcionó, me preguntó:

- ¿Qué estás haciendo allí, negrito?

- ¿Yo? ¡Nada! - respondí, con los ojos muy abiertos.

- ¿Qué pasa, negrito? ¡Ven aquí, ven aquí! Cuéntanos por qué estás viendo por la ventana del dormitorio de Alceo.

- Él está ahí con Mariocito. ¡Los dos solos! No quiero que nadie los sorprenda. Estoy vigilando - respondí.

- ¿Fue Alceo que te mandó?

- ¡No, siñó! ¡Yo soy el que quiso!

- ¿Por qué?

Como no respondí y comencé a fingir temblar, el siñó interesado y amenazante:

- ¡Habla, o vas al tronco!

- ¡No me castigues, por el amor de Dios! Siñó, nadie puede saber qué sucede en esa habitación. Iba a ser un escándalo.

- ¿Qué pasa? - Preguntó el siñó.

- ¡Ni siquiera lo sé! - Respondí.

Después de más amenazas, hablé, inventando:

- ¡Es que se desnudan haciendo cosas!

- ¿Qué...? - Preguntó el siñó, asustado.

- Este travieso Mariocito, siñó. Si yo fuera el siñó lo mandaba a irse - hablé lentamente, temiendo su reacción.

- ¡Iré allí y ya verán! - Exclamó, furioso.

- ¡Siñó, espera! ¿Qué les vas a decir a los demás? No hagas eso, escucha.

El siñóziño Alceo dice que si se enteraban se suicidaría.

El siñó se detuvo. Su hermano de diecisiete años se había suicidado hacía unos meses y dijeron que era porque le gustaban los hombres.

Aproveché lo que iba a hacer y dije:

- Es culpa de Mariocito. Hazlo desaparecer y todo volverá a la normalidad, nadie lo sabrá.

- ¡Creo que lo voy a hacer! Y tú, no dirás nada - dijo el siñó.

- No, juro que no hablo. Entonces ni siquiera sé lo que están haciendo.

Ni siquiera hablo amenazado con hierro caliente. Soy fiel al siñóziño Alceo! - le dije, besando los dedos cruzados, una costumbre que está ahí cuando hice un juramento.

- ¡Si hablas, te arrancaré la lengua! - Dijo el siñó, saliendo de allí.

A la tarde siguiente Mariocito se fue. Me sentí victorioso y decidí usar la palabra, de discurso, de chismes, de calumnias para resolver mis problemas. Y lo hice de tal manera que nadie sabía que era yo.

Así, las esclavas de la casa grande me tenían miedo, porque tenía cómo hacer mi voluntad con Alceo. Pensé que Dios era injusto: Alceo lo tenía todo, era tonto, ocioso, mientras yo era inteligente, inteligente y esclavo; siempre estaba blasfemando.

Siñó Alceo y yo crecimos y me convertí en su secuaz, un guardaespaldas, al que llamaban *jagunço*. Tenía todo lo que un esclavo podría tener y también las negritas. Solo quería sexo y no quería tener responsabilidades. Hice muchos males que incluso resultaron en castigos en el cepo para mis hermanos de raza. A veces sentía que estaba equivocado, pero esto pasó pronto y seguí con mis chismes y calumnias.

Organizaba encuentros de mujeres con el siñó, a él no le gustaban las negras, pero blancas, y estas eran prostitutas y algunas incluso casadas. Y con eso tenía prebendas, no hacía nada, estaba bien vestido y alimentado.

Era como una adicción, siempre estaba chismoseando y tergiversando los hechos, pero a pesar que estaban seguros que era yo, nadie lo probó.

Un día, fui la causa de una feroz pelea entre las mujeres negras en la casa grande. La Siñá, cansada de mis chismes y porque también sabía que era yo que arregló los encuentros amorosos de su marido, me ordenó que me castigaran.

Yo era blanco de la envidia, y me llevaron rápidamente al cepo. El Siñó y el Siñóziño Alceo no estaban en casa. Ya había recibido la mitad del castigo, cuando llegó el Siñó y ordenó que se detuvieran de inmediato. Sabiendo que era la esposa la que me había castigado, me preguntó el porqué del castigo y respondí con dificultad, porque sentí muchos dolores, es horrible este castigo:

La Siñá quería saber si el Siñó se encuentra con otras mujeres y quiénes son, como no dije, ella me había golpeado hasta aquí -mentí.

Les dijo que me sacaran del cepo y me cuidaran como un Siñó, solo escondido de la mujer; para ella, había recibido todo el castigo. El Siñó me recompensó con dinero y dio orden que no podría ser más castigado. Me tranquilizó, pero fui más cuidadoso con mis chismes.

Alceo se casó y vivió en la finca con sus padres. Ellos tuvieron tres hijos, Alceo estaba enamorado de su mujer, que era muy hermosa. La pareja decidió pasar algún tiempo en Europa, España, porque sus abuelos eran españoles y se lo habían dejado a ella como bienes hereditarios en ese país. Pedí, le rogué para ir con ellos, quería viajar, argumenté:

    - El Siñóziño Alceo necesita a alguien de confianza a su lado y que hable español.

Su padre pensó que era una buena idea y fui con ellos.

Fue genial conocer gente, lugares, viajar en barco, ver el mar. Solo que la esposa de Alceo era muy mandona y me trataba como a un empleado, tenía que hacer esto y aquello. Dos esclavos más viajaron con nosotros que se hicieron cargo de los niños.

Pensé que España era maravillosa. Ella había heredado, junto con otras posesiones, una casa muy bonita en una gran ciudad donde nos instalamos.

Hubo mucho trabajo, incluso se quejó al Siñó Alceo, que me dijo que no podía hacer nada, viniera para eso.

El Siñó Alceo empezó a salir mucho, a tener amigos que jugaban y bebía. Decidieron quedarse allí más tiempo. Escuché las conversaciones y guardaba silencio, extrañaba mis chismes.

Fue entonces cuando la Siñá comenzó a interesarse por uno de los amigos del Siñó Alceo. Me di cuenta y me quedé callado; los observé mejor y me di cuenta que ella se encontraba con él. Decidí callarme, porque pensé que si se lo decía, Siñó Alceo querría irse y eso no es lo que yo quería. Tuve la idea de mejorar mi posición en la casa y quedarme por ningún tiempo. Le dejé claro a Siñá que lo sabía y quería ventajas. Ella no tenía miedo, me miró, entonces me abofeteó en la cara y me maldijo. Temblé de ira y fui a mi habitación, en la parte trasera de la casa. Decidí desquitarme. Sabía de su cita, le avisé a mi Siñó, le conté todo. Esta vez no lo inventé.

Fui con él a sorprender a la Siñá. Solo ella, activa y conocedora que le iba a decir a su marido, hizo que una de las mujeres negras que la atendiera toma tu lugar. Sorprendimos a su amigo y a su esclava. Me miró, pidiendo explicaciones. Lo llamé a otra habitación de la casa para conversar:

    - Siñó, su esposa se dio cuenta que se sorprendería e hizo que su criada tomase su lugar. Piénsalo, ¿se necesitaría que este caballero lo hiciese a escondidas? Es soltero y se encontraría con esa negra con su consentimiento. Entonces, ¿por qué en la sala de la Siñá? Ella es tan puritana, ¿cómo permitió a su criada reunirse con un hombre en su habitación privada? Pretende no darle importancia al hecho y espera para ver.

Eso es lo que hizo mi Siñó. Ya no lo mencionó. Dijo que iba a salir y llegar tarde. Regresó y supimos que la Siñá estaba con su amante. Así lo escuché venir y encontré al Siñó Alceo con un revólver en la mano.

Iba a matarlos a los dos. Interferí, lo detuve.

- ¡No cometas una desgracia así, Siñó Alceo! ¡Por el amor de Dios!

Le quité el arma de la mano y el amante corrió y se fue.

Cuando Siñó Alceo se calmó, aconsejé:

- Envía a tu esposa con los hijos a Brasil, a la granja.

Quédate aquí por un tiempo; te llevaré.

Eso es lo que hizo. Envió de vuelta a su esposa, los niños y las negras, y nos quedamos él y yo. Contraté a otros sirvientes y comencé a no hacer nada. Pero mi Siñó cambió, amaba a su esposa; pasó a emborracharse todos los días y empecé a ocuparme de todo. Y me lo robé.

Tomé una suma de dinero y me escondí, porque no quería volver a Brasil, no quería más ser esclavo. Siñó Alceo me agradeció por ayudarle y por evitar que sea un asesino.

Se enfermó, no quería alimentarse, solo bebía. Así que yo le escribí a su padre contándole todo, tenía miedo que muriera. Y eso es lo que sucedió: mi Siñó estaba postrado en cama, llamé a los médicos, pero no ayudó, él desencarnó. Tuve que hacer arreglos, enterrarlo y decirle a la familia. Días después llegó un hermano suyo, quien, viendo lo que yo había hecho, me elogió. Vendió todo lo que era de su hermano y regresó.

Se fue y me dio una buena cantidad de dinero.

Con lo que había robado y con lo que conseguí compré una buena casa grande y me asenté. Solo que tenía un problema: no gustaba y no quería trabajar, y el dinero que quedaba no me alcanzaría para mantenerme por mucho tiempo. Lo pensé y encontré una solución. Iba a engañar a los demás. Me extendí por el barrio leyendo la suerte, quién conocía el pasado y el futuro y que también ayudaba a resolver dificultades, especialmente en las amas. Tuve que hacer esto oculto, porque, aunque la Inquisición no actuaba más como antes, estaba prohibido.

Jugué con las palabras con los clientes:

- ¿Tienes problemas con el cónyuge?"

- Sí - respondió el cónsul.

- Veo a alguien más entre ustedes - dije.

- Si la respuesta fuera no, iría a otra pregunta. Es una enfermedad que te aqueja? ¡Puedo verlo!

Y entonces me di cuenta de cuál era el problema y lo inventaba.

También pasé a resolver dificultades.

No es difícil para una persona inteligente engañar a cualquiera que quiera ser iluso. En la senzala se vuelven muchos sanadores negros y negras, use hierbas, para orar, para invocar espíritus. Simplemente no sabía cómo hacer eso, no tenía mediumnidad y nunca vi ningún espíritu.

Quiero decirles, mis amigos, que nunca oré ni siquiera sabía orar. Todavía estaba disgustado por ser negro, incluso cuando era un hombre libre.

Y era fácil para aquellos que sabían chismorrear como yo, engañar a la gente, obtener información y fingir que sabías cómo hacerlo. Incluso comencé a viajar para conocer gente en otras ciudades.

Seguí mejorando cada vez más en el arte de hacer trampa.

- En el curso del amor de tu esposo por ella de nuevo, para ser fiel, debes dar tanto - dije una suma y negociaba -. Necesito hacer un trabajo; debo comprar objetos, hierbas para eso, que son caros."

No tuve más problemas financieros. Tenía sirvientes, vivía bien y mis clientes aumentaron. Y me di cuenta que muchos tenían miedo y usaba ese sentimiento.

Ya sabes, ¡podría empeorar! Su esposo o esposa se alejará de vez en cuando, etc....

Actuando así, me acerco a espíritus malvados y ociosos, que vinieron a ayudarme. A menudo, cuando chantajeaba, ellos irían allí y atormentarían al individuo, que finalmente cedió a mi chantaje.

- ¡Chantajista! ¡Nunca me gustó el chantaje! – Exclamó Suellen, interrumpiéndolo.

- ¡El chantaje es un crimen! – Expresó Eleocácio.

– Y por cierto tú, Damián, sabías hacerlo – dijo María Gorete. Lo hiciste de una manera que no parecía un chantaje, no hablaba abiertamente. ¡Yo también hice eso! Les decía a las chicas: "Haz esto, o puedes lastimarte, caerte, ser atropellada, sus padres pueden saberlo, etc."

– Pero – dijo Damián – chantajeé porque tenía a los que se dejaban chantajear a sí mismos. ¿Sabías que muchos incluso pidieron dinero prestado para pagarme? Estaban luchando, pero pagaron porque querían.

Eran personas sin fe verdadera, sin creencias sinceras, que no oraban. Porque si fueran personas seguras y religiosas, no habría conseguido hacer eso. Este hecho siempre ha existido y existe. Porque siempre hay sinvergüenzas que saben o pretenden saber cómo hacer estos trabajos y hay personas imprudentes que buscan este tipo de cosas, que piensan que es ayuda; hay gente que teme y paga. Algunos abusan de las personas y otros que se dejan utilizar. No estoy tratando de justificarme, pero si no lo hago yo, si no hubiera quienes buscaran este tipo de trabajo, ayuda, no habría a quienes engañar. Yo no entendí esto, pero hay quienes lo hacen; trabajo junto con personas desencarnadas engañosas como ellos;

imprudentes y tontos son los que buscan: gastan dinero gratis y apenas resuelven algo.

Damián hizo una pausa, suspiró.

- ¡Pero sigue adelante, Damián! ¿No hiciste nada bueno? ¿Ninguna buena acción? – Preguntó Zefa.

– No creo – respondió el ex esclavo.

Poco ayudé a algunos esclavos en la granja, a mis sirvientes, di algunos buenos consejos a los asesores. Creo que incluso he ayudado a algunas personas, pero me fue muy mal. Debido a mis chismes, hice que dos clientes pelearan, en duelo, aunque esto era ilegal, y uno de ellos murió.

Estoy muy triste cuando lo pienso. Se cree mucho que todos los esclavos eran agradables y pobres. ¡Me río de eso! Muchos no eran buenos ni gente pobre y algunos eran una plaga como yo. Los veo como personas que han pasado por una experiencia de aprendizaje; algunos aprovecharon la lección y otros, no.

- ¿Y cómo terminó eso? ¿Cómo desencarnaste?

- Chantajeé a una señora que se lo dijo a su marido y él me denunció.

Me arrestaron, me golpearon mucho. Estaba en la cárcel pensando en chantajear a alguien para salir de ahí, conocía muchos detalles de la vida de las personas importantes, influyentes. Luego recibí una botella de vino. El carcelero me la dio.

Una dama bien vestida lo envió, y también el mensaje que saldría pronto.

Sonreí, satisfecho, y bebí el vino; estaba de humor y la bebida era bueno, mi favorito. Fue casi al final que comencé a sentirme enfermo y entendido: había sido envenenado. Me desprendí con odio.

– Podemos decir que desencarnaste por el veneno de tu lengua – dijo María Gorete, riendo.

Nadie sonrió, miraron a Damián, invitándolo a continuar, y lo hizo:

– Fui desconectado del cadáver allí mismo en la cárcel por los espíritus que deambulan por allí y fui a mi casa. Enterraron mi cuerpo en una fosa común. Y mi casa estaba siendo allanada, uno tomó un mueble, otro, unos objetos y meses después no quedaba nada. Cómo no tenía parientes, el gobierno vendió mi propiedad. Me vengué obsesionando a algunas personas que pensé que eran mis enemigos. Quién, me mató fue una joven que traicionó a su marido; tenía miedo que la delatase y ella y su amante me enviaron el vino envenenado. En efecto salí de la cárcel de inmediato.

Un espíritu que me odiaba y que quería venganza me arrestó y me trajo al Umbral, a esta región, y me llevó a un juicio. Pedí permiso para hablar y convencí al juez que podía ser útil.

–. Te voy a dar una tarea, si te va bien, te vas a quedar con nosotros, o vas a estar castigado.

Fui e hice bien la tarea. Tuve que hacer una pelea grupal. Utilicé mi facilidad para los chismes, las calumnias y pronto el grupo estaba peleando.

Me quedé como sirviente de este juez y me especialicé aun más en este sector, que para mí no es difícil. La gente, en su mayor parte, habla demasiado, usan el lenguaje incorrectamente. Es solo darle un empujón que hablan más de lo que deberían. ¡Y cómo surgen los problemas, las dificultades por ese hecho! Pero están los prudentes, serios, y mi trabajo con estos no funcionan. Muchos ya han aprendido a no chismosear, a no calumniar e incluso las verdades que saben decir. Con estos no tiene sentido insistir, no prestan atención a los difamadores.

Pero últimamente he estado haciendo mi trabajo duro, no me gusta ver a la gente ofendida, difamada, peleando.

¡He estado insatisfecho! Sobre todo porque recordé algunos hechos de mis otras encarnaciones. Yo era un capataz racista, no me gustaban los negros. En otra fui un profesor con muchos conocimientos, pero también racista, que hablaba que era correcto tener esclavos.

Me volví negro y esclavo en un intento de aprender a amar la raza negra. Simplemente empeoré, hice cosas abominables.

– Fuiste calumniador, quizás en tu próxima encarnación te expreses en silencio – dijo Ademir.

- Sería una forma de no decir cosas malas – dijo Damián.

- ¿Cuál es el punto? Si vienes en silencio, no hablará porque no puedes.

Quiero ver si vuelves a la normalidad y usa bien el lenguaje – dijo Eleocácio.

– No puedo hacer planes para el futuro si no conozco mi presente – dijo Damián suspirando –. Mary, por favor déjame quedarme aquí con ustedes. Si vas a ayudarlos, haz algo por mí también. Quiero salir de esta vida, cambiar, dejar de hacer el mal.

Damián volvió a llorar, esta vez corto y sentido.

– Puedes quedarte, Damián - respondió Mary -, mejor, te estarás ayudando a ti mismo al querer no hacer más males y querer cambiar. Tendrás la oportunidad de mejorar.

- ¡Gracias, Mary! Estaré callado. Estoy a punto de empezar a cambiar, solo voy a usar la palabra para algo útil.

Todos lo miraron con simpatía. Fue aceptado por el grupo. Hubo algunos minutos en silencio.

10.- Los planes

– Mientras hablamos, hay dos hechos que aun no lo entendí - dijo Suellen –. Quién nos mató y por qué Zefa está aquí. Todos estos años de sufrimiento... ¿Fue solo porque engañó a su esposo? Incluso él la perdonó; lo supo y no hizo nada, y crio a su hija como suya. Zefa actuó incorrectamente, pero no para tanto sufrimiento.

– Bueno, no se lo dije todo, te recuerdo que me interrumpieron – expresó Zefa.

– Es cierto, el comisario la interrumpió, pero lo ¿qué pudiste haber hecho, tía? No creo que hayas cometido un pecado grave – dijo Armando –. ¿Estás aquí para verme a mí y a Ademir? ¿Será esto posible? ¿No me perdonaste por matar a Julieta?
Pero nunca dijiste nada, ni me maldijiste.

- Será mejor que la escuchemos. ¡Habla, Zefa! ¿Eso te atormenta? ¿Qué hiciste para estar aquí con nosotros? – Preguntó Suellen.

Zefa suspiró, se acomodó con dificultad en la silla y dijo:

– Me detuve cuando dije que hice dos amigas, que nos llevábamos bien y nos escuchábamos la una a la otra. Una de ellas fue Olga, una joven, que dijo que era alegre y servicial y su vida cambió cuando su hija, Vanilda, murió.

Que todo cambió de repente... Estaba en casa leyendo, cuando vinieron a decirle que su hija había sido arrestada. Se llevó un susto, luego pensó que era una broma, pero el hijo confirmó que era verdad.

Olga cuando habló, recordó los acontecimientos y lloró. Recuerdo bien lo cual ella dijo; trataré de repetir sus palabras:

- Zefa, me sentí mal al ver a mi hija encerrada, pensé que iba a morir. Fui a la comisaría con la esperanza que todo fuese una terrible equivocación y que mi dulce Vanilda volvería a casa con nosotros.

Pero fue grave. Mi hija fue acusada de haber hecho un aborto en una amiga, que murió. No podía conformarme con eso. Nos desesperamos, gastamos mucho dinero para tratar de sacarla de la cárcel, no pudimos. Un juez corrupto la acusó de librar a su amante del crimen. Mi Vanilda quedó encerrada. Escuchamos que mi hija tenía muchos novios, salía con hombres, y la decepción fue grande, pero continuamos amándola. Vanilda sufrió mucho en la cárcel, fue un horror, no hizo amigas allí en el interior, fue golpeada, pasó por situaciones vejatorias. Fueron meses difíciles y mucho sufrimiento. Todos estábamos infelices y preocupados, nadie en la familia tenía paz. Ya no dormí bien, pensé en ella todo el tiempo. Todo lo que podíamos hacer por Vanilda lo hicimos. Y ella afirmó ser inocente. Siempre contó los mismos hechos: que su amiga había quedado embarazada y le pagó a Suellen para que abortara; esto se había hecho en la casa de la chica embarazada y ella se puso de pie para consolar a la amiga. Suellen hizo el aborto y algo salió mal; la amiga estaba enfermo, la abortista huyó y mi hija trató de ayudar a su colega, llevándola al hospital, donde murió. Vanilda fue arrestada, dijo la verdad, pero no tenía pruebas. Suellen lo negó, incluso inventó un lugar donde estaba y consiguió testigos que lo demostraron. Vanilda fue condenada.

Escuchamos que el juez que la condenó era la amante de Suellen.

Creer... creímos en ella; mi hija estaba diciendo la verdad. Y fue en una rebelión que mataron a mi niña, la hirieron con muchas puñaladas.

No sabíamos quién lo hizo; la dirección de la prisión nos dio el cuerpo para enterrarlo. Incluso intentamos obtener más información, pero no pudimos.

No importa quién la apuñaló; para nosotros el que mató a mi hija es esta chica, Suellen, y este juez Eleocácio. ¡Son los dos culpables!

Zefa hizo una pausa, miró a Suellen y Eleocácio, que estaban con la cabeza baja, y continuó su narrativa:

– Olga habló mucho del encanto que era Vanilda; esta incluso podría tener defectos, pero siempre fue su amada chica. Ella contó los hechos de la infancia y juventud de su hija y parecía que la conocía, incluso la amaba.

– Un día le pregunté a Olga si no había forma de refutar, de reivindicar a su hija. Ella no lo creía. Y su sueño era que los dos, Suellen y Eleocácio, dejaran de hacer el mal. Tan pronto como su hija murió, él incluso pensó en vengarse; quería que los dos culpables sufrieran, ya que ella y su familia sufrieron, pero era imposible en ese momento no parecía haber tal posibilidad. Así que Olga quería que alguien se vengaría por ella, por Vanilda. A menudo lloraba sentida; se quejó de cómo uno podía hacer tantos males y continuar como si nada hubiera pasado. Esta es la historia de uno de mis amigas.

Zefa se detuvo por unos momentos, miró a todos, quienes se quedaron en silencio, luego continuó narrando tranquilamente, no necesitaba tener prisa, habló como si prestara atención, quería ser clara y no omitir ningún detalle importante.

– Mi otra amiga también tenía una historia interesante.

Se llamaba María José y fue al cementerio a visitar la tumba de su marido. Siempre nos contó que su marido había sido un hombre bueno, honesto y trabajador, y que habían sido felices juntos.

Tuvieron tres hijos, dos hombres y una niña, que era muy hermosa. Lucía era el nombre de su hija.

A la edad de dieciocho años, quería trabajar en otra ciudad y, tanto como le aconsejó, si intentaba detenerla, se iría. La pareja se quedó sola, porque los otros dos hijos se habían casado. Recibieron las cartas de Lucía contando que el trabajo era bueno e incluso les mandó dinero. Aunque anhelando, creían que estaba bien y esto los consolaba.

Incluso pensaron en visitarla, pero su hija estaba en contra, no quería, estaban adoloridos. En las cartas contaba hechos del trabajo, de amigos, que estaban tranquilos y entendieron que ella no los quería cerca, que esto era cosa de la edad.

Una tarde, recibieron el mensaje que se suponía que debían ir al hospital, que su hija estaba allí, hospitalizada. Estaban aterrorizados.

Pensaron que era un error, la hija no estaba en la ciudad. Pero era Lucía..

Ella había sido maltratada y tenía una lesión profunda en la cabeza. No entendió cómo la hija podía resultar herida en la ciudad en la que vivía y por qué se había encontrado en los suburbios, solo con la ropa que llevaba puesta y una billetera con documentos. Una semana después Lucía estaba fuera del hospital. La trataron con mucho cariño, pero aunque las heridas se curaron, no se recuperó. Vivió como un robot, ella hizo todo lo que le dijeron; reía, lloraba, hablaba poco.

El esposo de María José, Laurindo, hizo algunas investigaciones y descubrió que Lucía les mintió, que había sido prostituta y que había vivido con Benedicto y María Gorete en el bar de la calle. Fue una gran decepción para la pareja. Lloraron mucho y decidieron cuidar a su hija con todo amor y hacer justicia. Fueron a la comisaría y la denuncia acabó en nada. El comisario dijo que no podían probar, porque allí en el burdel no había nadie obligado y la hija debía haberse peleado con algún cliente y recibió una paliza, y esa prostituta siempre se equivocó y estaba en problemas.

Cuando Laurindo comenzó a vigilar el bar y a planear narrar los hechos a la prensa, incomodó a los dueños. Un día, cuando regresaron de una consulta médica de la hija, encontró la casa volteada, todo roto, se habían robado objetos de valor. Se desesperaron y entendió por qué al leer una nota clavada en una de las puertas.

En un pedazo de papel estaba escrito que era solo una advertencia y para no entrometerse. Entendieron el mensaje y, aunque disgustados, queriendo justicia, guardaron silencio, temiendo que estos bandidos pudieran hacer algo malo a sus otros dos hijos. Laurindo, que sufría de corazón, desencarnó.

María José sufrió mucho; amaba a su marido y tenía que cuidar de la hija sola, y esto le dio muchos problemas. Le di dinero, que la condujo a buenos médicos, pero no tenía forma de recuperarse. Y Lucía, que era hermosa, activo y saludable se volvió deficiente; a veces hablaba de eventos que ocurrieron en ese bar, en esa guarida.

Y de lo que ella dijo, entendió que se había quedado allí obligada y que la paliza era por ello.

María José sintió aun más. Mi amiga quería venganza y no sabía cómo, se mantuvo herida y sintió lástima por las otras chicas que estaban con esa pareja. Pero no había nada que pudiera hacer.

No gozaba de buena salud. Armando siempre me llevaba al doctor y esto no entendía por qué no mejoré. Me confundí con los hechos, olvidé muchas cosas y me distraje. Era mi sobrino, también quien compró los medicamentos que tomé, me gustó su atención, creía que se preocupaba por mí.

Decidí ser rebelde y no tomar las medicinas, estaba cansada de ellos, y mientras Armando y Maricita me supervisaban, fingían que las tomaba. Y me sentí mejor.

Una mañana, salí de casa para ir a la carnicería, encontré a un vecino en el camino y estábamos hablando. Pensé que no tomé el dinero, miré en la bolsa y de hecho no había tomado la billetera, decidí regresar. Era conocida por todos y el dueño me vendía y yo pagaba luego, pero recordé que lo había hecho días antes y no quería quedarme debiendo debe mucho de nuevo.

Entré en la casa con cuidado, no quería que Maricita lo supiera y se riese de mí. Y al pasar por el pasillo, escuché conversaciones en el vestíbulo, reconocí la voz de Magali y Armando y, como decían mi nombre, decidí escuchar sin que me vieran. ¡Fue terrible!

Recuerdo bien esa conversación:

- Magali, ¿cómo ser paciente? Tengo deudas y la tía solo me da una pequeña cantidad por mes - hablaba Armando en un tono bajo, pero nervioso.

- ¡Ella te da mucho dinero! Tú eres el que gasta demasiado. ¿Por qué no recortas el gasto en tus amantes? - Preguntó Magali, enojada.

- ¡Lo hemos gastado, querida! Tú y mis hijos también lo gastan. Correcto, no importa, sino que necesitamos más dinero y que solo lo tendremos cuando la tía Zefa muera. Tienes que reconocer, Magali, que soy un genio, maté a Julieta y me convertí en el único heredera de la tía - dijo Armando entre risas.

- No sé cómo tuviste el coraje de planificar y ejecutar todo. Tú y Ademir fueron brillantes. Asesinaron a Julieta y nadie sospechó. Pero a pesar que eres heredero, esta fortuna me parece distante, la tía Zefa está bien, y no creo que vayas a morir pronto.

- ¡Por eso estoy apurando las cosas! - Exclamó Armando. Cambiaré los medicamentos de la tía. Es fácil, yo los compro. Boto los que debería tomar y pongo otros en su lugar. Ella está tomando una medicina que había manipulado para aumentar aun más la presión. Y el médico no entiende por qué el tratamiento no tiene ningún efecto. Pero espero esa mina pronto resultará - dijo Armando.

- ¿Le has dado esa droga que hace a la persona quedarse con el razonamiento confuso? - Preguntó Magali.

- Sí y cuesta caro, así que espero recibir la noticia que la tía murió para que yo pueda quedarme con toda su fortuna - respondió mi sobrino.

- Sentí que me temblaban las piernas, escuchando todo lo que era muy cruel.

No quería que me vieran, me fui de nuevo en silencio y, asombrada, fui a la carnicería. Compré la carne, pedí marcar y que llamara avisando a Maricita que iba a almorzar con una amiga y que solo volvería por la tarde. Me tomé un descanso para que Armando se fuera y regresé a mi casa.

- ¿No ibas a almorzar con una amigo? - Preguntó Maricita.

- Decidí no ir más, voy a la habitación a acostarme, no estoy sintiéndome bien - respondí.

- Acostumbrada a mis olvidos, Maricita no dio importancia y me dejó ir a descansar. Quería estar sola y pensar.

Entré en la habitación, tiré toda la medicina por el inodoro y me quedé con las cartas, pero luego me arrepentí.

Podría ser una prueba que Armando quería matarme.

Pensé mucho en qué hacer, no sabía cómo actuar.

Me sentí muy sola y triste.

- ¡Qué horror! - Dijo Suellen, interrumpiendo -, planeaba matar a su tía, ¡tal vez la única persona que lo amaba!

– Para mí eso era un secreto, no sabía que lo sabías. ¡Estoy avergonzado! Pero todo esto es cierto. Había muchas deudas y estaba siendo presionado para pagarlas, por lo que quería recibir pronto la herencia. Como la tía tardaba demasiado en morir, decidí apresurar su muerte. Le daría medicamentos adulterados. Uno que dañó su razonamiento e incluso algunas píldoras que aumentaron la presión arterial – decía Armando con la cabeza gacha.

- ¡Qué ingrato! Lastimaste a los que le hicieron bien. Eso es peor que hacer daño a aquellos que nos desean lo peor – expresó María Gorete.

– ¡El mal es mal, los que lo hacen son malos! ¡Y ser malo es lo peor que existe! – Exclamó Ademir.

- ¡Quedémonos callados! Adelante, Zefa, creo que estoy empezando a entender por qué morimos – dijo Eleocácio.

– He estado pensando durante días – continuó Zefa para hablar –. Compré los medicamentos que el médico me había recetado y me sentía bien. Y decidí actuar.

No pensé que haría ningún bien ir a la policía, no me creerían, no tenía evidencia y tenía fama de confundida, esclerótica, caduca. Ellos pensarían que todo era imaginación y todavía me ridiculizarían.

La primera medida fue dar una modificación en mi testamento.

Después que Julieta murió, hice uno dejando todas mis posesiones a mi sobrino. Añadí una cláusula en la que, en caso de fallecimiento de Armando, sería todo para su hija. El abogado no lo encontró extraño y no comenté con nadie. Evité encontrar a Armando y Magali, no quería verlos, y seguí fingiendo ser olvidadiza.

Recordé que Adauto, antes de casarnos, había conocido a una persona que era un asesino profesional. Y cuando Adauto cambió de ciudad, llegaron a corresponderse. No pensé que fuera correcto que tuviera esa amistad, pero mi esposo me dijo:

- Zefa, si conocieras a Antonio, no lo pensarías; él es educado, amable y simpático. He tratado de demostrarle que está equivocado y él no me escucha, pero a mí me gusta y a él le gusto. ¡Somos amigos!

Busqué algunos objetos que guardaba de Adauto y, aliviada, encontré algunas cartas y, lo más importante, la dirección de este asesino. Le escribí diciendo que necesitaba sus servicios.

Antonio, el asesino, respondió diciendo que ya no hacía este servicio, sino que el hijo, era tan bueno como pudo lograr y que fue un placer poder conocer a la esposa de un gran amigo. Coordiné con Toñito por carta y planifiqué todo.

Cuando decidí vengar la muerte de mi Julieta, también quise ayudar a mis amigos, me vengaría por ellas. Les haría justicia tres, para mí, Olga y María José; y también para nuestras hijas, que sus vidas fueron arruinadas por las cosas malvadas de las personas que continuaron mezquinas y felices.

Contraté un detective para que investigara más datos de la pareja.

Hablé con ellas para más detalles. Olga sabía de todo lo que me importaba de Suellen y el juez. Salí con José, hablé con él que quería ir a la casa de un ex empleado y ese era la excusa para llamar a la puerta de Suellen. Le pregunté, ella no me conocía, porque yo había inventado nombres. Pero para hacernos amigas, comencé a hablar con ella y terminé ofreciéndole una joya, que se vendería por un pequeño valor.

- Sabes lo querida que es, te dije, soy vieja, necesito dinero para comprar medicamentos, para los gastos de la casa. Vivo en una mansión, pero he pasado por dificultades financieras desde que quedé viuda.

Incluso pensé en alquilar habitaciones para citas, pero es difícil.

Suellen, que compró la joya, se juzgó inteligente; era un hermoso anillo de esmeralda, y se interesó en la habitación. Eleocácio no se quiso exponer y sería más fácil si sus encuentros fueran en un lugar respetable, todo sería más sencillo.

"Así, todos los viernes, entre las siete y las nueve, alquilé una habitación a un precio irrisorio para la pareja de amantes. El juez entraba con el coche y lo guardaba en el garaje para no quedar expuesto en la calle y no ser reconocido. Suellen venía en autobús.

El detective me dio información importante sobre la pareja en el bar: Benedicto coleccionaba estampillas y era muy aficionado a ellas.

Llegó Toñito, era un chico educado, amable y muy guapo; llegó a casa por la noche para hablar conmigo y obtener los detalles correctos. Le conté mi plan, que pensó que era genial.

- Pero, ¿y si no vienen todos? - Preguntó.

Aquí están las direcciones, ve si es posible matarlos si no vienen. Pero estos deben morir: Armando y Ademir; los demás, solo si es posible.

Simplemente no lo haré si es imposible. Valgo lo que me pagan. Soy honesto y me gusta hacer bien mi trabajo. Soy como mi padre y me enorgullezco de ser bueno en lo que hago.

- ¡Quiero pagarte! ¡Ya estás aquí! El dinero que pediste y un poco más, porque no habrá más seis, sino siete. ¡Quiero que me mates! - Exclamé.

- Pero, ¿por qué? - Preguntó.

- Con ellos muriendo aquí en casa, seré un sospechoso.

No sé mentir, voy a hablar y perjudicarte, y no quiero ir a la cárcel. ¡No es justo! Mandé matar a los malos, pero la ley es defectuosa y voy a ser arrestada. Estoy vieja y enferma, voy a morir de inmediato. Solo estoy abreviando mis días. ¿Lo harás?

- ¡Lo haré! - Respondió Toñito con firmeza.

- ¡Quería morir! Desde que Julieta murió, mi vida no había tenido sentido. Pensé que le gustaba a Armando de la manera como yo gustaba de él y me decepcionó. Entonces no quise que me arrestaran, preferí morir. Pero como no había tenido el coraje de matarme, pensé que Toñito podría hacer esto por mí.

Planeamos todo. Sería el viernes, cuando Suellen y Eleocácio se encontrarían.

Fui con José, el conductor, al bar de la carretera, inventé que la casa del ex empleado era allí. Le dije que se detuvieras a averiguarlo. José quería preguntar, pero insistí y fui. Días antes, había comprado a un coleccionista algunas estampillas caras y las tenía en la bolsa. Entré en el bar, María Gorete me atendió y le pedí información, ella no sabía, insistí:

- Me dijeron que era por aquí. Siento insistir, pero es importante. ¿Tu esposo no lo sabe?

En eso Benedicto entró en el bar y le pregunté.

- Tengo un pedazo de papel con la dirección.

Abrí la bolsa y dejé caer los sellos. Benedicto estaba interesado.

- ¿Le gustan las estampillas? Tengo una gran colección, estas son algunas que intercambié con un chico.

Benedicto miró las estampillas, hablamos de ellas y me quejé:

- ¡Estoy sola! Viuda sin hijos. Solo tengo un sobrino al que ni siquiera le gusta. Me dijo que cuando yo muera botará esta tontería. Imagina al caballero que llama tontería a mi colección de sellos. Estoy tratando de dárselos a alguien que ame los sellos como yo y quién los cuidará bien. Parece que te gustan.
¿No quieres mi colección?

Más que rápido dijo que quería y concluí:

- Toma nota de mi dirección, ve a la casa a buscarla. Te daré todo y estaré tranquila sabiendo que cuidarás bien de mi pequeña colección. Viernes a las siete y media de la noche, sin demora, te estaré esperando, pero por favor, estoy sola, viuda, no me gusta recibir a un hombre sin acompañante, ya sabes cómo es... el barrio puede hablar. Así que lleva a tu buena esposa contigo.

Estuvimos de acuerdo y esperamos a que así fuera. Había gastado mucho dinero, tomé todo lo disponible del banco, y eso sin que Armando lo supiera.

El viernes, le di a Maricita el día libre.

- Estoy pasando el sábado y el domingo con Armando en su casa. ¡Y tendrás un merecido descanso!

Maricita fingió creer, porque sabía que no me gustaba pernoctar en su casa. Pensando que estaría bien, decidió tomarse un tiempo libre.

Y sabiendo que Armando y Ademir volverían a casa esa noche, llamé a mi sobrino el jueves e inventé una historia.

- Armando, encontré un pagaré de un antiguo amigo de Adauto. Es una cantidad razonable y lo llamé por teléfono, quien me dijo que realmente debía esa cantidad a mi marido y no pagará.

Discutimos y él dijo que quería hablarme en persona. Organizamos una cena mañana, viernes, a las ocho en punto. Pero lo pensé bien, y no voy, pero tú sí. Sabes mejor que yo cobrar deudas y lo que recibo será tuyo.

Quiero que tu empleado, Ademir, venga contigo. Me preocupo, no sé de qué es capaz ese hombre, entonces es bueno ir acompañado, porque pronto sabrá que no estás bromeando y quieres recibir esa deuda:

¿Sabía que cuando hablaba de dinero Armando hacía cualquier cosa, más aun para que fuera suyo lo que recibiera.

Acordamos que lo haría con Ademir y pasaría a casa para recoger el pagaré a las siete y veinte. Estaba segura que mi sobrino no llegaría tarde, sabía que le gustaba la puntualidad.

Maricita se fue el viernes por la tarde y yo estaba ansiosa, esperando que todo saliera bien.

Como acordamos, Toñito regresó a casa poco después que la criada se fue. Hablamos de tomar el té, me dijo que su padre siempre hablaba bien de mi marido, le gustaba. Y eso fue por orden del padre que aceptó el servicio. Que matar para él era trabajo y que no le gustaba mucho hacerlo, pero no siempre se hacía lo que se quería.

Sigo la profesión de mi padre, la Sra. Zefa, aunque tenemos una granja y trabajamos en ella, pero no da mucho beneficio y para aumentar hacemos algo de trabajo para amigos. Honro mis compromisos, para que puedas estar segura, haré todo lo posible para merecer lo que sea. Simplemente no me gusta matarte.

- ¡Hazlo, Toñito! Por el amor de Dios – supliqué -. Será el mayor favor que le harás a la esposa del amigo de su padre. No quiero vivir después de todo. Mi vida no tiene ningún propósito, ningún sueño, ninguna ilusión. No tengo esposo, mi única hija fue asesinada por mi sobrino, a quien amaba como hijo y a quien siempre he ayudado. Entonces está más garantizado, así que si no lo haces podré denunciarte. Haz su trabajo como acordamos.

    - ¡Lo haré!

Hasta que dudé que lo hiciera, era demasiado educado, tenía buenos modales, sonrisa suave, solo los ojos mostraban frialdad. Él, después de tomar el té, subió las escaleras y se quedó esperando en un cuarto.

Pronto llegó Suellen, fue a la sala de reuniones a esperar al juez y luego, a las siete en punto, Eleocácio estaba en la puerta. Le abrir como lo había hecho las otras veces y, después de haber guardado el coche en el garaje, lo cerré.

Repasé todos los detalles mientras esperaba.

No le había dicho nada a mis amigos, solo le habían pedido a María José que llamara el sábado por la tarde al bar, diciendo que la pareja había sido arrestada. Le pedí que hiciera esto para que las chicas que estaban allí fueran liberadas sin la burocracia de la policía.

Los minutos parecían pasar lentamente, hasta que llegó Armando con Ademir. Los recibí felizmente y le pedí a Armando que entrara con el coche y lo dejara en el garaje abierto que había en el jardín. Miré a mi sobrino, luego a su empleado, y yo no tenía ninguna pena, habían matado a mi Julieta sin piedad alguna.

Los invité a venir conmigo a mi habitación y lo expliqué todo de nuevo, tuvo que mantenerlos allí hasta que llegó la pareja del bar. Dije, fingiendo preocupada:

    - Armando, mi querido sobrino, ten cuidado, es mucho dinero y este anciano puede ser peligroso. Preparé la cena con él a las ocho en punto.

    - Tendrá una sorpresa al verte en mi lugar.

    Sonó el timbre.

Atenderé la puerta, espérame aquí, pero no toques nada, volveré para darte los papeles, le dije.

Se quedaron esperando, bajé rápido y abrí la puerta, recibí con simpatía a Benedicto y María Gorete.

- Entra cono el carro, hay una fiesta en la cuadra de arriba y los niños están en ebullición, pueden dañar su vehículo.

Entraron, cerraron la puerta y los invité a permanecer en la casita, que iba a buscar mi colección.

Subí y le dije a Armando:

- Es una pareja que vino a ver unas estampillas que tengo. Bajen a esperar con ellos en la habitación, abriré la caja fuerte y buscaré los documentos.

Se miraron y se fueron. Armando sabía abrir mi caja fuerte, pero solo descubrí esto cuando no tomé más los remedios que él me daba. Me di cuenta por la falta de dinero que guardaba en él. Ambos hicieron lo que les pedí, mi sobrino siempre lo hizo.

No me preocupaba el sonido de los disparos. El barrio estaba haciendo una fiesta, me habían invitado, me disculpé y dije que no iba a ir. Pero les di dinero a los niños de la calle para que compraran fuegos artificiales y sabía que iba a haber mucho ruido, lo escuché. Luego, con la habitación cerrada, los disparos no se escucharían. Y realmente nadie los escuchó.

Cuando bajaron, llamé a la puerta de la habitación donde Toñito estaba y bajó a la planta baja. Me escondí detrás de un armario y esperé a que bajaran Suellen y Eleocácio. Y bajaron pronto.

El asesino entró armado en la habitación de la pareja, los obligó a vestirse y bajar. Cuando entraron por la puerta, yo también lo hice, y cerré la puerta.

Toñito me sonrió e hice una señal afirmativa con la cabeza y él disparó.

Pensé por un tiempo que no había muerto, que había sido herida; sentí un dolor terrible y solo escuché los gemidos de los demás.

Quedé terriblemente perturbada, sufrí mucho, lloré, me desesperé, pedía para morir. Aquí, la oscuridad me aterrorizaba. Creo que fue después de mucho cuando me di cuenta que estábamos todos juntos. Con las visitas de los amables rescatistas fue que entendí que mi cuerpo había muerto y yo seguía viva. He sufrido mucho, y verlos sufrir no me trajo ningún placer o alivio. No dije nada acerca que yo fui la autora intelectual, y el remordimiento vino fuerte y fue el peor dolor, el que no pasa, el que no me da paz.

Remordimiento por hacerme una asesina, por suicidarme. Pensar que ni siquiera tengo lágrimas por las que llorar. Aquí me alojé y fue... Bueno merecía mi sufrimiento. Cuando encarné, tuve la ilusión que si moriría todo terminaría, ya no existiría. ¡Qué error! Si todos querían saber, ahora ya saben, yo fui quien los mató. ¡Por venganza! Eso es todo lo que tengo que decir.

El silencio fue total. Suellen incluso pensó que esa quietud llegaría a doler hasta lo más íntimo. Es solo que todos estuvieron solos por un momento consigo mismos.

Por un momento nadie se atrevió a hablar o mirarse, hasta que...

11.- Mary

- ¡El misterio del terrazo está resuelto! – exclamó Casio, suspirando.

- ¿Quién era este Toñito?
¿Qué pasó con este sicario?

Preguntaron María Gorete y Ademir al mismo tiempo. Y fue Mary quien respondió:

– Lo tengo escrito aquí en mi información. Lo leeré:

- Toñito, más conocido como Toño del Hueco, salió de la casa de Zefa y cerró la puerta y lo hizo sin que nadie lo viera.

– Le di una copia de las llaves – interrumpió Zefa –. Pero continúa Mary, por favor. Quiero saber qué hizo Toñito a continuación.

– Fue a la estación, abordó el tren a un pueblo cercano, de allí a la ciudad en la que vive. Al pasar un puente de un gran río, arrojó las llaves fuera. Todavía está encarnado y nunca fue arrestado.

- ¿Cómo podría hacer eso? Matar sin odiar, por dinero – preguntó Suellen.

– Tú también lo hiciste – expresó María Gorete.

– ¡Es verdad! – Exclamó Suellen –. Somos libres de hacer lo que queremos; ¿Es solo libre albedrío, no es así, Mary?

– Sí, es libre albedrío, y podemos usarlo para bien, positivo; para el mal, negativo. Es por eso que lo que nos sucede es nuestra total responsabilidad. Las decisiones de nuestras vidas son nuestras, aunque podemos siempre poner excusas poner la interferencia.

– ¿Tendrá que responder este Toño del Hueco por sus errores? - Preguntó Casio.

– Ciertamente lo hará– respondió Mary –. Todos volvemos a cosechar lo que plantamos, tenemos las reacciones de nuestras acciones.

– ¿Será arrestado? ¿O desencarnará sin haber ido a la cárcel? – Preguntó Benedicto.

– No fui arrestada cuando estaba encarnada y he estado aquí durante años confinada en este lugar. Llegará el día en que este asesino tendrá que rendir cuentas de sus hechos - dijo Suellen.

– O desencarnará, será uno de los vecinos del Umbral y continuará con sus maldades. Conmigo fue así y podría ser con él – dijo Damián.

- Mary, ¿cómo es eso posible? - Preguntó Ademir.

– Al desencarnar, nos sentimos atraídos por lugares para los que nos hemos hecho merecedores. El Umbral solo existe porque hay quienes lo habitan. No aquí y solo para los que sufren, muchos vienen aquí y siguen siendo malos, se organizan en ciudades y siguen viviendo entre disputas y orgías – respondió Mary.

- Se sienten bien, ¿son felices? - Preguntó Armando.

- Dicen que están bien, se ven alegres. Pero la felicidad es solo para aquellos que tienen la conciencia tranquila, cuando sienten a Dios dentro de ellos.

- Esa vida cansa y la insatisfacción viene fuerte.

- Damián tiene razón, muchos actúan con pericia, desencarnan y pueden encajar con lo similar aquí en esta zona umbralina y durante mucho tiempo continuar en el error.

Solo que nada es para siempre. Hay tiempo para plantar y llega la cosecha obligatoria. Para quienes cometimos un error, un día sentiremos la culpa. Y donde hay culpa hay sufrimiento.

- Sabes que no estoy enojado con este Toñito, o Toño del Hueco. Si yo maté a una persona y sufrí tanto, imagínate cuando va a pagar él por los asesinatos que cometió – expresó Ademir.

– En el plano espiritual no hay un tiempo establecido para los errores. Cada caso es un caso. Pero tú, Ademir, tienes razón, este asesino profesional tendrá que responder por sus crímenes – dijo la rescatista.

– Mary, ¿qué más está escrito en tus notas? - Preguntó María Gorete.

– Solo hay una más: Olga y María José prometieron no decir lo que sabían, entendían a su amiga y estaban agradecidas, siempre oraban por ella y por sus seres queridos fallecidos y cuidaron de su tumba. Cuando lo leí no entendía, pero después que Zefa me lo dijo, podemos entender.

Las amigas, al enterarse del crimen, entendieron que Zefa se vengó de ellos y guardaron silencio.

- Mary, es tan bueno que estés aquí con nosotros. ¿Eres una rescatista?

¿Cómo es ser uno? – Preguntó Benedicto.

– Los rescatistas son personas que trabajan ayudando a otros desencarnados, cuando se adapta al plano espiritual, después de haber estudiado para saber cómo es la existencia sin el cuerpo físico y querer ser útil, trabajar por el bienestar de los demás, tener la oportunidad para hacerlo. Llamamos más a los desencarnados que ayudan, pero creo que todos los que hacen el bien, que ayudan son los primeros en responder. Y para hacer un rescate, debemos simpatizar con el que sufre. Debemos ser condescendientes con su estado. Cuando sufre, tiene necesidad de encontrar a alguien que lo apoye y, cuando lo haga, adquiere confianza, y esa persona que ayuda pasa a mostrar que todo se puede cambiar y enumerar las ventajas que cada uno tendrá con este cambio. Eso es lo que estoy tratando de hacer aquí.

Mary hizo una pausa y luego preguntó:

- Zefa, ¿cómo planeaste todo? Has pensado en todos los detalles... ¿De dónde se te ocurrieron ideas para estos crímenes?

- Tengo que admitir que tú, tía, fuiste brillante. No pensé que fueses capaz - expresó Armando.

– A mi Julieta – dijo Zefa –, le encantaba leer. Ambas leíamos libros de estudio como entretenimiento, admiraba mucho a un escritor de libros de crimen, los leía todos y a veces los comentaba conmigo, pero en ese momento no estaba prestando atención. Después de su muerte; es decir, su desencarnación, comencé a leerlos, me sentí tan cerca de mi hija. Los libros de estudio eran difíciles de entender para mí, así que empecé a leer estas historias de asesinatos. Me gustó, encontré al autor muy ingenioso. Cuando supe que mi hija había sido asesinada, comencé a pensar cómo matar mis desafectos, porque en ese momento los enemigos de mis amigos también eran míos. Y tomé ideas de esos libros; no era de uno, eran de todos. Pensé si piensas bien, si haces todo bien, no habría un policía inteligente para averiguar. Y planifiqué todo en detalle.

– Efectivamente, señora Zefa, usted planeó bien, no pude descubrir – dijo Casio.

- ¿Quién es este escritor? - Zefa respondió, diciendo el nombre.

– ¡Oh, Dios mío!

La expresión salió tan sentida que todos la miraron.

Otra vez guardaron silencio, hasta que Mary volvió a hablar:

– Ahora entiendo por qué mi asesor, Alfredo, me encargó este trabajo. Yo soy ese escritor. ¡Yo escribí esos libros!

– ¡Oh!

- Tú, ¿qué estás haciendo aquí?

Eran expresiones de asombro.

– Ahora entiendo que tú, como los otros socorristas que visitan, eres una persona común, solo que quiere mejorarse, trabajar para el bien, ser útil y aprender. Ustedes no son ni santos ni seres excepcionales. Deben haber hecho cosas buenas y no tantas cosas. Por favor, Mary, no estés triste. Yo también, cuando encarnada, leí algunos de tus libros, no recomiendan el crimen, al final de ellos los bandidos y criminales, fueron castigados – dijo Suellen.

– Si eres esa escritora, quiero decirte que aunque yo haya sacado la idea de tus libros, no tienes la culpa – dijo Zefa.

- Lo sé, lo sé. No es mi culpa, nunca quise que alguien fuera asesinado – exclamó Mary –. ¡Pero estaba molesta al escucharlo!

– Siempre pensamos que los que están en condiciones de ayudar no tienen problemas. Tú, Mary, debes haber tenido tus dificultades – opinó Ademir.

– Yo también era tu fan – dijo Casio –. Siempre soñé con poder descubrir los crímenes como tus personajes. Estoy muy contento de conocerte, aunque este encuentro esté aquí, en medio de las penas y el dolor.

- ¿Por qué tú, Mary, no nos hablas de ti?

Todos miraron a Mary, invitándola a hablar, y ella sintió con voluntad de desahogarse, decir lo que estaba pasando en su corazón, y comenzó a narrar:

– Fue un shock para mí escuchar a Zefa decir que tomó de mí la idea de planificar este crimen. No había entendido cuándo mi asesor me pidió que viniera aquí, encontré esta tarea de mucha responsabilidad, tengo compañeros mucho más competentes para realizar este trabajo. Él me eligió y yo tenía miedo de no hacerlo bien, pero Alfredo, el asesor, dijo que debía venir y que me correspondería a mí llevar a cabo esta ayuda. Ahora entiendo por qué. Todo eso sucedió tiene que ver conmigo, con el trabajo que hice cuando encarné.

A pesar que era consciente que no tenía la culpa, ideas macabras fueron tomados de los libros que escribí. Este trabajo está siendo una oportunidad para tratar de ayudar a alguien que entendió mal lo que se hizo para distraer. Tienen razón, mis amigos.

Sí, los llamo amigos, porque en estas horas juntos, en las que hablamos con seriedad y cada uno habló de sí mismo, diciendo lo que estaba pasando en su íntimo, un vínculo de amistad nos unió. Y tú, Suellen, tienes razón; aquí después de deshacerlo, no le hablé a nadie lo que me pasaba.

Te voy a contar sobre mi vida. Era una persona común y tenía una familia estructurada, clase media; Nunca me he perdido nada, he tenido muchos amigos.

Desde que era una niña, me ha gustado leer, escribir e inventar. Mi madre me llamó mentirosa y un día, por haber imaginado y dicho algo sobre nuestra criada, me puso de castigo. Una tía que nos visitaba pidió a mi madre para hablar conmigo.

- Mary, dijo cariñosamente, eres inteligente, hermosa y sana, nada te falta. ¿Por qué mientes?

Lloré, no quería más sermones. Ella me abrazó.

- ¡Tienes una imaginación fértil! ¡Eso es todo, bebé! ¡No llores!

- Es que pienso y hablo, ¡y ellos no me entienden! - Me quejé.

- ¡Pues no hables más de lo que piensas! Eso es todo, bebé, cuando pienses, en vez de hablar, ¡escribe! Llévate un cuaderno y todo lo que puedas imaginar escríbelo en él y será un secreto nuestro. Soy la única que sabe leer. ¿De acuerdo?

Me regocijé en la idea y comencé a hacerlo, y la tía a veces leía y opinaba.

- Cariño, si dejaras este pedazo para el final. Así cuando lo lea no sabría quién mató a la cucaracha.

Y, a partir de la muerte de la cucaracha, comencé a matar gente.

Aunque era extrovertida y emocionada, tuve una adolescencia con algunos problemas de relación, mis amigos me encontraron con ideas revolucionarias y modernas. Mis padres estaban molestos por eso.

Molesta, empecé a escribir aun más. Empecé a hacer historias, completarlas e imaginarlos en libros. Así que empecé a soñar con ser escritora, editar libros. Tuve ayuda, pero no fue fácil editar la primera historia.

Para una mujer, en aquel entonces todo era más complicado. Me casé con un hombre maravilloso, que me ayudó mucho, y siempre escribí. Me gustaba hacerlo, vivía cada historia. Mis libros tuvieron éxito y ese fue mi alegría. Y seguí imaginándolo. Veía una mujer hermosa o a alguien diferente y creaba un personaje. Una anciana vestida extrañamente era para mí razón imaginar y escribir. Viajé mucho, conocí muchos lugares y personas. Desencarné a una edad avanzada.

Mary hizo una pausa y suspiró. María Gorete le preguntó, curiosamente:

- ¿Has hecho algo malo? Algo de lo que podrías arrepentirte amargamente?

– ¡No! – respondió Mary rápidamente –. No hice nada malo, pero mucho dejé de hacer. También podemos arrepentirnos por el bien que podríamos haberlo hecho y no lo hicimos. Lo tenía todo y podría haber actuado mejor, haber sido más caritativa, y yo no lo fui. Eso me incomodó un poco, pero entonces me di cuenta que solo me sentía apenada, preocupada y no hacer nada es continuar en la inercia, así que traté de empezar a hacer, a trabajar para ser útil y, lo más importante, para aprender.

Pero para mí entender todo esto tomó un tiempo...

- Mary, ¿sufriste después que desencarnaste? - Preguntó Suellen, espantada.

– Como dije, mi cuerpo murió cuando era vieja, fue como dormir y despertarse en un lugar extraño.

- ¿Dónde estoy? ¿Qué estoy haciendo aquí? ¿Estoy en un hospital? - Pregunté asombrada.

Todo fue muy sencillo y estaba con otras mujeres en la habitación. Trataron de guiarme, pero, al contrario, quise ir a mi casa y me fui. Todos tenemos nuestro libre albedrío, que es respetado, y al desencarnar eso no cambia. Teniendo mi cuerpo físico muerto, estaba fácilmente desconectado de él por amigos y llevada a un refugio, una casa de ayuda a las personas recién desencarnadas. No quería quedarme y por mi voluntad fuerte me sentí atraído por mi casa; es decir, volví.

Vivir ahora con un cuerpo que llamamos periespíritu, nos movemos fácilmente por la voluntad, vamos de un lugar a otro en segundos.

Quien aprende a vivir aquí en el plano espiritual se siente bien al hacer esto.

Pero los que no lo saben, como yo en ese momento, pueden, al pensar fuerte, usar sin conocer este tipo de locomoción.

Volví a mi casa, qué lío, actué como si fuera encarnada. Solo que todo había cambiado, sufrí y me molestó. Fue un período complicado, ahora pensaba que estaba loca, ahora no podía entender lo que estaba pasando y lloré, yo, a quien nunca me había gustado llorar. No podría decirte cuánto tiempo estuve allí, solo entonces supe que fueron tres años. Es muy malo vivir en esta ilusión, que imprudentemente creamos miedo para enfrentar la realidad. Pensé que era encarnada y no quería aceptar el hecho que mi cuerpo, que tanto amaba, había muerto.

Hasta que un día, cansada, oré con fe y le pedí a Dios que enviara a alguien que me ayude. Estaba arrodillada orando y llorando, cuando escuché:

- ¡Señora!

Miré a quién me había llamado y reconocí a una vieja sirvienta a quien le gustaba mucho. Ella me abrazó. ¡Te voy a ayudar!

- Estás muerta - balbuceé.

Estaba tan cansada que ni siquiera tenía miedo; después, su mirada mostraba tanta paz me refugié en sus brazos.

- ¡Tú también! - Respondió.

- ¿Es eso lo que es la muerte? ¿Una confusión? No lo puedo creer - exclamé.

- Señora, todavía estamos vivos cuando el cuerpo físico muere; eso pasó hace mucho tiempo con su cuerpo - ella trató de explicármelo.

- No es así como me enseñaron, que aprendí -, le dije.

- Fue un error lo que aprendiste. Pero, ¿qué importa ahora? Ven conmigo, te llevaré a un lugar donde volverás a regresar, aprenderás cómo vivir sin el cuerpo físico y pronto estará bien.

Ella me llevó al refugio de nuevo, esta vez no encontré así para estar cerca de otras personas, estaba cansada y desilusionado; yo, a quien siempre le había gustado hablar, estaba callada. Fue realmente una gran decepción mi desencarnación. Me tomó un tiempo adaptarme, lloré y no me gustó mucho el lugar, aunque reconocí que era mucho peor deambular.

Los amigos vinieron a visitarme y uno de ellos me animó:

- ¿Dónde está tu optimismo? Por favor, vuelve a la forma en que eras, que lo que importa es que sigamos vivos y con nuestra individualidad, y aquí es maravilloso. Acepta el hecho y estarás bien.

Eso es lo que hice. Cuando pude ver los jardines, la biblioteca, comencé a habla, todo cambió en mí, y para mejor.

Aprendí a vivir como desencarnada y se me pidió que trabajara en un Puesto de Socorro y, con permiso, vine. Quería... quiero aprender a servir, en un lugar donde existan ejemplos de humildad, con la esperanza de convertirme en humilde un día.

– Nunca pensé que por no aceptar la muerte se sufriría – dijo Suellen.

- Mary debe haber sufrido por creer que la muerte era diferente de lo que es en realidad – dijo Armando.

- No debemos buscar excusas - expresó Mary -. Conozco tanta gente como yo que tenían una idea equivocada de lo que ocurría después de la muerte del cuerpo y aceptaron bien cuando hicieron este cambio de planos. Me gustaba de la manera equivocada todo lo que era mío, de la casa, de las joyas, incluso de mis sombreros. Me conecté con las cosas materiales y con ellas me quedé atascada.

– ¿Tener objetos o ser rico es una causa de sufrimiento tras la muerte del cuerpo físico?–preguntó Zefa.

– No – respondió Mary –. Poseer o no bienes materiales no los hace sufrir, sino más bien la forma en que nos aferramos a ellos. No debemos estar poseídos ni por lo que creemos tener ni por la voluntad de tener. Podemos tener externamente lo que queremos y no dejarnos ser poseídos, apegados a la nada. Nuestro bienestar está en la manera por la cual poseemos sea esto poco o nada. Además, tenía oportunidad de saber lo que realmente nos sucede después de la muerte del cuerpo y no me importó. Un día, un amigo nuestro, de mi marido y el mío, trajeron de Francia un libro para nosotros como regalo y comentó, con entusiasmo:

- Está de moda en País, Francia, el uso de fenómenos sobrenaturales que las almas de los muertos hablen con los vivos. Y hay un científico... Sí, es un erudito, un profesor políglota... quién escribió esta obra con la ayuda de espíritus. Sí, mis amigos, espíritus es el nombre que ellos le han dado a las personas que tenían sus cuerpos muertos y también los llaman desencarnados. ¡Y muy interesante!

Agradecimos el regalo y prometimos leer, después que se fue; sin embargo, comenté con mi esposo:

- ¡Estos franceses siempre dictando modas!

Mi esposo tomó el libro, era *El Libro de los Espíritus*, escrito por Allan Kardec. Leyó solo unas pocas páginas. Comentó, burlonamente:

- Cariño, este Allan Kardec es casi tan ingenioso como tú. ¡Qué imaginación! ¡Si decide a escribir novelas será un gran rival tuyo!

No le di importancia, y él puso el libro en la estantería. Meses después, cómo íbamos a recibir a unos amigos que frecuentaran nuestra iglesia, tomé el libro y se lo di a la criada, para que ella desapareciese con él. Y así perdí una gran oportunidad de conocer ese tema. Y la criada, en lugar de tirarlo, lo leyó, y fue ella quien me ayudó. Cómo todo hubiera sido diferente si hubiera leído y entendido este libro, que aquí sé que es verdad.

Mary suspiró, hizo una pausa y continuó:

– Sufrí por no aceptar la desencarnación y este sufrimiento fue para mí un aprendizaje. Me gusta lo que hago, mi trabajo en la Casa de Socorro, en el Puesto de Socorro, y ahora soy otra Mary, más comprensiva, simple, que empieza a ser humilde.

– También escuché, cuando encarné, hablar de este Allan Kardec y el Espiritismo, pero, como tú, no me importaba. Pensé que los espiritistas se metían con el diablo. ¡Incluso tenía miedo!

- Hoy soy un espíritu y lo que es peor, creo que soy un Satanás. Porque, como un rescatista nos explicó hace tiempo, se llaman demonio, diablo, a los espíritus que están en error. Creo que soy uno, pero no quiero serlo más – dijo Ademir.

– Creo que muchos tienen miedo de convertirse en espíritas porque esta Doctrina enseña muchas verdades que molestan – dijo Suellen suspirando.

– Hablaste de Allan Kardec... en medio de los libros de estudio de Julieta había libros de este francés - comentó Zefa –. Ahora entiendo que también perdí una gran oportunidad de aprender. Quizás, si los hubiese leído, nada de esto habría ocurrido.

- No dejes que el "si" te moleste, Zefa. El hecho es que sucedió y listo – dijo María Gorete.

- Me siento mejor ahora, hablar me ha hecho bien – expresó Mary.

– Lo que me pareció más interesante en estas conversaciones es que todos tenemos una historia, y los socorristas no son seres perfectos que pueden hacer cualquier cosa, son seres humanos que pueden haberlo hecho mal y quieren hacerlo bien.

¿Alguna vez podré ayudar? – Preguntó Ademir.

- Ciertamente sí - respondió Mary.

- ¡Esa es una gran bondad de Dios! - Exclamó Eleocácio -. ¡Tener oportunidades! ¡No quiero negarme más a lo que Dios más me dé! Si tú, Mary, has aprendido, yo... nosotros, también podemos aprender.

Te admiro, Mary.

- ¡Yo también te admiro! Podrías dártela de santa y habernos dicho que siempre fuiste maravillosa, esto y aquello, pero fuiste sincera. Creo que realmente estás aprendiendo a ser humilde - dijo Suellen.

Mary sonrió, se secó algunas lágrimas y se todos se quedaron quietos por algunos instantes.

12.- Orientando

– Mary, ¿cómo son los lugares donde viven los buenos? Tengo curiosidad por saber – dijo Casio.

– Son lugares hermosos, sencillos, con mucha vegetación, donde no necesitas tener miedo de otro ser humano, porque no hay males. Llamamos Colonias a estos agrupamientos, que son similares a las ciudades terrestres, y las más pequeñas de Casa de Socorro, Refugios, Puestos de Socorro, etc.

– ¿Son seres perfectos quienes van allí? – preguntó Zefa.

– No, pero los que quieren mejorar, se vuelven buenos. La primera cosa que debemos eliminar cuando ir allí es egoísmo, tener el propósito de no cometer más errores – explicó la rescatista.

– ¿Allá es oscuro? – Damian quería saber.

– No, hay claridad – respondió Mary –. En los refugios de aquí son bien claros, pero en las Colonias el Sol brilla más que en la Tierra, se pueden ver mejor las estrellas. No hay oscuridad en las Casas de Socorro.

– ¿Cómo es vivir en la Colonia? – Preguntó Suellen.

– Es maravilloso. Hay hermosos lugares de ocio, amplias bibliotecas con muchos libros, hermosos jardines, calles arboladas y cómodas casas. Tenemos ayuda, aclaración para todo lo que necesitamos. Hay orden, respeto, alegría y mucha paz. Las escuelas son lugares placenteros y todos trabajan cuando se adaptan.

- ¿Trabajo? Es tan extraño pensar que después de la muerte del cuerpo haya trabajo – comentó Damián.

– El trabajo nos impulsa al progreso. Estar ocioso es un castigo para el espíritu activo. ¡Sí, hay trabajo! Si hacen muchas cosas por ahí – dijo Mary.

- Estás aquí ayudándonos, estás trabajando, ¿no? - Preguntó María Gorete.

- Sí, estoy haciendo una tarea - respondió la socorrista.

- Mary, no entiendo. Si hay en la Colonia es tan hermoso, tan bonito, ¿por qué dejaste todo para venir aquí y tratar de ayudarnos? – Preguntó Ademir.

Mary suspiró, pensó unos momentos y respondió:

– Vivir en las Colonias es estar en lugares hermosos. Pero, ¿cómo puedo estar bien allí y saber que los hermanos que sufren no tienen la posibilidad de ser felices también? ¿No sería egoísta ser feliz y no querer ayudar a los demás? Si los buenos que tenían por merecimiento están felices en lugares hermosos y placenteros no se preocupaban por los hermanos que sufren, estaría en un lugar donde no habría amor y estos lugares no serían así de buenos. Incluso aquellos que tienen trabajo allí y no vienen aquí a trabajar en el Umbral para el bienestar de los demás.

– Mary, ¿qué tenemos que hacer para ir contigo a lugares como ese? - Preguntó Eleocácio.

– Querer sinceramente mejorar, cambiar la forma equivocada de actuar, queriendo acertar –respondió a la pregunta.

–¿Pedir perdón? – Preguntó Benedicto.

– Pedir perdón es reconocer que has cometido un error, es pedir una nueva oportunidad, una oportunidad para reparar el error – explicó la rescatista.

- Si no hubiera matado a Julieta, nada de esto habría sucedido. Al cometer un error desencadenamos otros. ¡Maté y fui asesinado!

- Zefa, lo siento por todo. ¡Por mi acto equivocado, que te llevó a equivocarte! ¡Perdona! ¡Lo siento mucho!

Ademir habló bajo al principio, después, en voz alta y en un tono insensato, llorando se levantó, se acercó a Zefa y se arrodilló a sus pies. Zefa pasó sus manos con cariño sobre su cabello. Expresando, conmovida:

- ¡Te perdono, Ademir! Perdono de corazón, porque yo también necesito pedir perdón. ¿Me perdonas?

- Perdono. Aunque yo soy el que debe pedirte misericordia – respondió Ademir.

- Quiero pedir perdón a todos - dijo Zefa.

¿Me perdonas, Suellen?

- Te perdono - respondió.

- ¿Perdóname, Eleocácio?

Y así dijo el nombre de todos, que respondieron con seriedad y emocionados que la perdonan. Fue entonces cuando Benedicto se dio cuenta y exclamó:

– ¡Ademir, estás fuera de tu lugar! ¡Caminaste hacia Zefa!

Ademir se levantó y todos también se levantaron de sus sillas y dieron pasos. Se rieron y lloraron. Casio y Damian permanecieron sentados, mirando, y se alegraron por ellos.

Durante minutos algunos minutos caminaron por la salita. Hasta que Eleocácio dijo:

¡Sentémonos nuevamente! Volvamos a conversar. Estamos contentos, pero tenemos que decidir qué vamos a hacer de aquí en adelante.

- Tienes razón, Eleocácio. No quiero salir por ahí por el Umbral – dijo Suellen.

Se sentaron y Ademir dijo:

– ¡Fue la fuerza del perdón la que nos dejó soltó!

- Mary, ¿por qué quedamos presos? - Preguntó María Gorete.

– Ustedes, mis amigos, se han sentido culpables, han visto el fallecimiento de sus cuerpos, y como los cadáveres no se movían, se quedaron como estaban; pero no le pasa a todo el mundo, este hecho es raro.

No fue porque murieron juntos que se quedaron aquí. Cada persona es un caso. Por ejemplo, en un accidente en el que desencarnan ciento ochenta personas, lo que les sucederá después dependerá de cada una.

Muchos de estos ciento ochenta serán rescatados, otros se demorarán más para desligarse. Algunos vagarán, otros irán al Umbral, y podría suceder que algunos se queden en el lugar del accidente. Creo que necesitaban estar juntos para perdonarse a sí mismos y permanecer en Umbral hasta que quisieran cambiar para mejor. Al ser llevados a la zona umbralina y dejados en un rincón, que creen que todavía están en el terrazo donde tenían su cuerpo físico muerto, y, pensando fuertemente en la salita, la plasmaron por la voluntad y permanecieron aquí - explicó Mary.

– Al pedir perdón y perdonar me sentí mucho mejor, como hace mucho tiempo no me sentía – dijo María Gorete.

- Pedir perdón es fácil, pero hay que ser honesto. Y nosotros lo hicimos - expresó Suellen.

– ¡Estoy de acuerdo contigo, Suellen, solo para hacer las paces, pagar estas deudas, es que debe ser difícil! Porque no es así, Mary: ¿tenemos que reparar lo que hemos hecho? – Dijo Ademir.

- En vez de sufrimiento eterno se nos da la oportunidad de reparar, rehacer, eso es misericordia – expresó Mary.

–¿Por qué no acepté los buenos consejos?

– Recibí buenos ejemplos y educación, mis padres me enseñaron bien los principios, escuchaba las enseñanzas cristianas en la iglesia e hice el mal.

– Creo que casi todos tenemos oportunidades de escuchar el buen consejo, pero prestamos atención a quién queremos - dijo Mary.

– Yo, cuando planeé asesinarlos, soñé con Julieta – comentó Zefa –. Me desperté a continuación y recordé con detalles de todo. Mi hija me abrazó y me dijo: "¡Mami, no hagas esto!

Un error no justifica otro. ¡No pagues el mal con el mal! ¡Perdona! ¡Olvídalo! ¡Yo perdoné! Ten paciencia, que llegará, cuando llegue el momento, de estar cerca de mí y papá. ¡Por favor, mamá, abandona este pecado!

Aun estando impresionada por el sueño que me parecía tan real, no le di atención, tampoco hice lo que ella me pidió que hiciera.

– Tú, Zefa, debes haberte encontrado con tu hija cuando tu cuerpo dormía. Tu espíritu se apartó del cuerpo físico dormido y estabas con ella; y Julieta, preocupada, trató de advertirte que no lo cometieras ese error. Desafortunadamente, no le hiciste caso – explicó Mary.

– ¡Ella me perdonó! ¡Julieta me perdonó! – Exclamó Armando llorando –. Me alegro que lo haya hecho. Cómo ser perdonado es bueno para nosotros... Si yo tuviese la oportunidad de encontrar a mi prima quiero pedirle perdón de rodillas. No quiero volver a lastimar a nadie, ni aquí ni dentro de otra vida.

- ¿Otra vida? Yo que siempre dije que cuando muriera tendría otra vida, que todo iba a ser diferente. Desencarné y no he cambiado. Temo continuar así para siempre – dijo María Gorete.

– La vida es única, todo es continuación, pasamos por etapas diferente. Cambiar la forma de vivir que es importante y este cambio debe hacerse ahora, en el presente - respondió Mary.

- ¡Qué ilusión! ¡Ni felicidad eterna, ni castigo! Continuación con estudio, trabajo, esforzándose por mejorar.

¡No se puede vivir engañado! – Exclamó Benedicto.

– Debemos creer en lo que es real – expresó la socorrista –. Quién siempre está engañado, incluso puede sentir momentos agradables, pero puede siempre estará preocupado e insatisfecho, esperando algo que le traiga felicidad, hechos que no dependen de él.

Buscando lo que es verdadero, nos volvemos felices por lo que hemos logrado, por hechos que podemos hacer por nosotros mismos. Depende de nosotros ser buenos y para hacer el bien. ¿Saben lo que he descubierto en estos años aquí en el plano espiritual? Que ser feliz consiste en pequeñas cosas que logramos para el bien. En hacerlo bien, con amor los pequeños actos que resultan en una ayuda.

- ¿Eso no es difícil? - Preguntó Damian.

– Mira, Damián – comentó Armando –. Si no te hubieras cometido tantos errores no habrías sufrido. Quien se esfuerza por ser bueno y tiene éxito, también recibe las consecuencias, que son buenas. Las buenas reacciones provienen de buenas acciones también, o no veríamos a los socorristas trabajando y felices.

Creo que el trabajo constructivo es un medio para impedirnos hacer el mal.

– Hay espíritus que trabajan y son malos –dijo Damián – Tú aun has visto una ciudad umbralina, hay trabajo, e incluso los jefes trabajan.

– ¡El trabajo nos hace superar la pereza! Estar ociosos es una adicción.

Incluso sin saberlo, esos espíritus que citaste están superando una adicción – dijo Casio.

– Dije trabajo constructivo – repitió Armando.

– A través de un trabajo edificante tenemos oportunidades para aprender mucho. Y en el plano espiritual superior no hay lugar para el ocioso – dijo Mary.

– Quiero cambiar– expresó Eleocácio –. Tuve, encarnado, muchas facilidades que me llevaron a equivocarme. Medios de perjudicar, cinismo para engañar y dinero para comprar y vender conciencias.

- Pero podrías haber utilizado eso de manera diferente – dijo Suellen -. Podrías haber usado el dinero para saciar el hambre, vestirte, educar, dar remedios. Haber hecho amigos y ayudado cuando lo necesitaban.

Debería haber ayudado en lugar de perjudicar.

– Usamos las circunstancias como queremos. El dinero es neutral, por él se cometen tantos errores, pero muchos aciertos – dijo Zefa.

- ¿Qué nos va a pasar, Mary? Ya no quiero quedarme aquí. Por favor, llévame contigo – suplicó Suellen.

– Sí, te voy a llevar a la Mansión de la Paz, ahí te vas a sentir bien, mejorarás - dijo Mary.

- ¿Esa fortaleza en el valle? ¿Vamos a estar atrapados allí? – Preguntó Damian.

- No, Damián, nadie se queda atrapado allí. Estarás solo si quieres – respondió la socorrista.

– ¿Solo por el hecho de estar resguardado allí, estaré hermoso, saludable? – Preguntó Casio.

- Mejorarás poco a poco – respondió Mary –. Recibirán tratamiento, estarán limpios y la recuperación dependerá de cada uno.

Va a tomar un tiempo para estar bien de nuevo. El error, el pecado, desarmonizar y para armonizar tenemos que querer, esforzarnos por mejorar. Tener el firme propósito de abandonar el mal para practicar el bien, sobre todo lo que dejamos de hacer.

- ¿Cómo nos vas a sacar de aquí?

– Recibiré ayuda de otros compañeros, los llevaremos a nuestra casa – respondió Mary.

- ¡Quiero ir! ¡Prometo comportarme, hacer todo lo que me fue recomendado! – Exclamó Suellen.

- ¿Qué pasa si no me comporto correctamente? No sé cómo comportarme con respeto y educación – expresó Damián.

– ¡Vas a tener que aprender! – opinó María Gorete –. Cuando queremos, aprendemos. Solo presta atención a lo que otros hacen y haz lo mismo. Yo tampoco sé cómo comportarme entre gente buena.

– Los buenos lugares son simples y la gente que quiere hacer el bien, siempre están listos para enseñar. Lo mejor es preguntar cuándo tengas dudas. Pronto estarás adaptada – respondió Mary.

– Creo que me voy a dar vergüenza, pero si todo el mundo va contigo, Mary, también quiero ir y haré todo lo posible para sentirme bien allí – dijo Ademir.

- ¿Todos ustedes quieren venir conmigo? ¡Sí! Muy bien, entonces pediré ayuda, que estará aquí en unos treinta minutos - dijo Mary.

La rescatista se concentró durante algunos minutos y por telepatía entró en armonía con el Puesto de Socorro, con Alfredo; les pidió que vinieran a recógelos y recibió la respuesta que pronto estarían allí. Todos se quedaron en silencio; cuando se dieron cuenta que Mary estaba desconcentrada, Zefa preguntó:

- ¿Qué va a pasar con este lugar cuando nos hayamos ido?

– Va a ser otra esquina en el Umbral. Ustedes plasmaron[6] todo lo que está aquí y se sustenta, porque tenían la impresión que estaban en la salita del terrazo. Sin tener ese soporte, estos objetos irán debilitándose y desaparecerán – respondió la rescatista.

- ¿Qué pasa si alguien se refugia aquí?

– Él, no teniendo la fuerte impresión como la que tenían ustedes de la habitación en la que fueron asesinados no sostendrán esto y este sitio que es la copia de esa salita, volverá a la forma en que era antes que estuvieran aquí – aclaró Mary.

– Nos estás ayudando haciéndonos un gran bien... ¿y si somos ingratos? ¿Te resentirás? – Preguntó María Gorete.

Mary pensó por un momento, recordó una conferencia que había oído hablar unos días antes sobre la ingratitud y le vino a la mente lo que el orador dijo: "No debemos hacer nada que deseemos ser compensados; quien lo hace cree que ha sufrido algún daño, por el hecho que ha hecho bien. Quien espera ser recompensado, lo hace por algo a cambio, lo hace por egoísmo, lo hace por aquello, por algún tipo de indemnización.

No debe sentirse que se ha recibido una ingratitud, porque quién así piensas no tiene buenas intenciones, no ha hecho algo con amor, por el placer de ser bueno."

---

[6] Nota de la Médium. Si el lector quiere saber más sobre este tema, puede consultar los libros del codificador Allan Kardec. La Génesis. Capítulo XIV: "Los fluidos – Acción de los espíritus sobre los fluidos – Creacione fluidicas – Fotografía de pensamiento"; y El Libro de Los Médiums, Capítulo VIII: "Laboratorio de Mundo invisible", de cuya pregunta 129 transcribimos una pieza: "El Espíritu actúa sobre la materia; toma de la materia cósmica universal los elementos necesarios para formar, como desee, objetos con la apariencia de los diversos cuerpos de la Tierra. También puede operar, por voluntad, sobre materia elemental, una transformación íntima que le da ciertas propiedades. Esta facultad es inherente a la naturaleza del Espíritu, que a menudo la ejerce instintivamente y, por lo tanto, sin percibirla, cuando es necesario."

Mary respondió en voz baja y todos prestaron atención:

– La gratitud o ingratitud de los demás no es parte de mi ser. Lo que me interesa es que sea agradecido, porque tengo la obligación de serlo, pero no tengo que esperar que el otro sea por lo que vengo a ti a hacer el bien. No espero nada a cambio, mis acciones que creen que son buenas, porque les ayudo, no son negociable. Trato de hacer el bien por el placer, el amor, sin querer nada por ello.

Estoy, sí, amigos míos, aprendiendo a hacer el bien por el bien, sin ninguna otra intención. Al hacer este trabajo, no me encuentro perjudicado, ni creo que me quitaron algo, así que no tengo que recibir nada.

Espero que haciendo el bien algún día llegue a ser buena.

Porque quién es buena no necesita de nada, ya posee una riqueza infinita.

Tengo que ser buena, hacer el bien sin importarme lo que otros hagan de mis beneficios.

- ¡Gracias, Mary! ¡Eres un gran ejemplo para nosotros! – Exclamó Ademir.

– Lo mejor que tenemos que hacer es seguir el ejemplo de nuestra benefactora, si ella lo hizo, nosotros también podemos hacerlo – respondió la rescatista.

– Puede ser difícil devolverte el bien, pero lo entiendo, hay otros necesitados que podré ayudar. Si puedo, quiero volver al Umbral un día para ayudar - dijo Benedicto.

Escucharon ruido afuera, entendieron que era la ayuda que llegaba.

Zefa y Suellen lloraron suavemente. Ademir se arrodilló y oró un Padre Nuestro. Todos estaban encantados. Mary los miró con amor.

Mary salió de la salita y fue a recibir a sus compañeros.

Había tres de ellos, la saludaron y ella se sintió aliviada. La acompañaron de vuelta a la salita, todos estaban en silencio. Con la excepción de Casio y Damian, los otros fueron amparados, andaban con dificultad debido a la inmovilización en la que permanecieron.

- ¡Adiós, salita! ¡Adiós, Umbral! ¡Es bueno dejarte! – Exclamó Suellen.

– Yo que maldije mucho este lugar ahora entiendo que este era el lugar donde debía quedarme para aprender – dijo Armando.

– Ya no estoy enojada tampoco, el lugar no tenía la culpa, y sí, nosotros. Pero estoy fuera de aquí aliviada. ¡Umbral nunca más! – expresó María Gorete.

Vieron un autobús, Casio la examinó y le preguntó:

– No es un coche ni un carruaje. ¿Qué es esto?

– Un vehículo de locomoción – explicó uno de los socorristas –. Vamos a entrar, nos sentaremos y pronto estaremos en nuestro Puesto de Socorro –.

- Gracias, Samaritanos – agradeció Damián.

- ¿Samaritanos? – Preguntó Ademir.

– También se les llama así – dijo Damián.

Se instalaron en el vehículo. Son muchos los medios de transporte utilizados por los rescatistas para sortear el Umbral. Hay varios en las numerosas regiones de las zonas umbralinas de nuestro extenso planeta. Esto fue simple, con muchas ruedas pequeñas que dan flexibilidad a pasar a través de los filetes de agua, agujeros y piedras. De un tipo que parece una gran caja rectangular, solo el frente tiene una especie de vidrio que da visión solo a los que están dentro, los de afuera no consiguen ver cualquier cosa en el interior. Se mueve por una energía aun desconocida para los encarnados, enrarecida como el vehículo. Materia similar a la que compone nuestro periespíritu.

Suele ser pintado un tono claro y tiene de doce a veinte lugares. Un hecho interesante es que si es atacado, tiene un dispositivo de defensa, pero los rescatistas siempre prefieren abandonar la escena rápidamente.

Este vehículo puede permanecer suspendido hasta a un metro del suelo, utilizando este proceso para atravesar agujeros, hornos en el camino. Anda de veinte a cuarenta kilómetros por hora, pero, en caso de necesidad, llega a ser más rápido.

El grupo se acomodó y Mary se quedó con ellos.

Nadie dijo nada. El alivio fue general, estaban contentos por salir de ese lugar donde habían sufrido mucho.

La puerta de la Mansión de la Paz se abrió. El vehículo se detuvo, Mary los invitó a bajar:

– Podemos salir, este será su refugio.

- ¡Nuestro cielo! – Exclamó Zefa.

Bajaron y se pararon uno al lado del otro, cerca, mirando encantados. Suellen fue lo más rápido que pudo llegar a un árbol y lo abrazó.

¡Qué hermoso es este árbol! ¡Qué bueno es ver uno de nuevo y sentir la naturaleza!

– ¡Estás pisando la hierba, Suellen! – Advirtió Damian. ¡No creo que puedas!

Suellen entonces se dio cuenta que, para abrazar el árbol, pisó el césped; se apartó dos pasos, interponiéndose en el camino de las piedras, se bajó y pasó su mano sobre la hierba que había pisado, como si pidiese disculpas. Luego regresó al grupo.

- ¡Gracias, Mary, por tu ayuda!

- No se puede ayudar a alguien cuando no quiere ayuda. Cuando queremos siempre encontramos quién nos ayuda – respondió Mary.

– ¡Qué hermoso es el cielo! ¡Dios mío, qué lindo es mirar el infinito! – Exclamó Zefa.

– ¡Sentir el calor del Sol es un placer inmenso! ¡Solo ahora entiendo eso! – Se expresó Ademir.

– Podemos disfrutar de tantas cosas bonitas y sencillas que pasan desapercibidas. ¡El cielo, el Sol, las flores son bellezas que nos dan placer y alegría! – dijo María Gorete suspirando.

- ¡Oh, Dios, gracias! ¡Ahora entiendo tu bondad al no condenar a tus hijos al sufrimiento eterno! – Dijo Ademir arrodillado en la tierra.

– Gracias también, Dios, por permitirnos reparar nuestros errores en el trabajo edificante. El hermano rescatando al hermano. ¡ Tu hijo ayudando a otro! – Exclamó un rescatista.

Otros trabajadores vinieron a ayudarlos, remitiéndolos a las salas. Mujeres para la femenina y hombres para la masculina, donde serían desinfectados, medicados, alimentados y tendrían camas cómodas y limpias. Alfredo vino a saludar a Mary. Ésta, al verlo, dijo emocionada:

- Gracias. Traté de hacerlo lo mejor posible. Y entendí por qué me habían asignado a hacer este trabajo. Sé que me ayudaste, me alegro por poder hacerlo a satisfacción.

- Enhorabuena. Ahora ve a descansar un poco - dijo Alfredo, sonriendo.

Mary fue a su habitación, que también se llama de varias maneras. Se desinfectó, se alimentó de un caldo, oró y luego se acostó. Pensó en todo lo que pasó, agradeció al Padre, nuestro creador, y durmió. Soñó que estaba escribiendo [7]. Escribió

---

[7] N.A.E. No te sorprendas, amigo lector, que Mary soñara. El periespíritu es una copia del cuerpo físico o esto es de eso. Los reflejos del cuerpo material solo se superan gradualmente. Trabajadores de los Puestos de Socorrocasi todos duermen para descansar, aunque van con el

diferentes historias y el resultado la hizo feliz. Se despertó de buena gana, recordó el sueño y exclamó: "¡Literatura! Creo que debería hacer algo por los libros, en reparación!"

Recordó el libro que había leído días antes de hacer esta tarea en el Umbral; fue *El Problema del Ser, El Destino y El Dolor*, de Léon Denis.

Se identificó con los capítulos: "El pensamiento" y "La disciplina de reforma del pensamiento y del carácter." Incluso sabía de memoria, un trozo que recitó en voz baja:

"El pensamiento es creativo. Al igual que el pensamiento del Eterno profeta sin detenerse en el espacio los gérmenes de los seres y mundos, también brota la del escritor, la del orador, la del poeta, la del artista que hace brotar incesantes ideas, de obras, de concepción que influencia, impresiona para bien o para mal, según su la naturaleza, la multitud humana.

---

tiempo disminuyendo las horas que duermen y algunos solo lo hacen en raras ocasiones.

Con años de capacitación, muchos buenos trabajadores ya no duermen, por lo que no sueñan. Yo, António Carlos, no he dormido en mucho tiempo y les confieso que a veces echo de menos sueños placenteros. Mary, después de muchos horas en el que desató muchas energías, durmió para descansar. Los que duermen pueden soñar.

Hemos visto según muchos relatos que desencarnados el sueño, algunos tienen pesadillas, son aquellos que no entendieron su cambio de plan y que cometieron errores.

Los rescatistas protegidos duermen para rehacerse, son sueños reparadores y también sueñan. Mary era muy aficionada a escribir y entendió que no era el término correcto "me gusta" en el pasado, sino "me gusta" en el presente. Sueño desencarnado con afectos, escenas que vivieron en momentos felices y también con los desagradables. Y aquellos que trabajan para el bien casi siempre tienen buenos sueños. Soñar que estás escribiendo, para un escritor, a quien le encanta hacerlo, siempre es placentero .

Por eso la misión de los trabajadores del pensamiento, que trabajan con la palabra, es al mismo tiempo grande, temeroso y sagrado.

Es grande y sagrado, porque el pensamiento disipa las sombras del camino, resuelve los enigmas de la vida y traza el camino de la humanidad, su llama calienta las almas y embellece los desiertos de la existencia.

Es temible, porque sus efectos son poderosos tanto para el descenso como para la ascensión.

Tarde o temprano, cada creación del espíritu vuelve al autor con sus consecuencias resultando en que, en su caso, el sufrimiento, disminución, privación de libertad o incluso privación de libertad son logros íntimos, una dilatación, una elevación de tu ser."

Emocionada, fue a su tarea en el puesto, tenía mucho que hacer.

13.- Caminando

Pasaron los días y ellos reaccionaron, pronto ya no tenían las heridas, paseaban por el jardín, iban a orar en el salón de oración.

Estaban diferentes: limpios, peinados, sonrojados y con mejor expresión.

Hablaban mucho, se hicieron amigos.

Mary siempre que podía iba a visitarlos. Ademir comentó:

- ¿Cómo se trabaja por aquí? El trabajo es demasiado y los trabajadores son pocos. Recuerdo los dichos de Jesús cuando le rogó a Dios por los obreros para la mies[8].

- Mary, recuerdo ahora que nos dijiste que debemos movernos de necesitado a servidor. Creo que me he quedado quieto demasiado. ¡Quiero hacerme útil! ¡Tan pronto como sea posible, quiero ayudar! – Expresó Benedicto.

– Hablé con Otália – dijo Suellen–, una señora de buen corazón que trabaja en este Puesto. Me dijo que vino aquí porque tenía un nieto refugiado aquí. Vino a cuidar de él y de los demás; él se puso bien y fue transferido y ella se quedó. Dijo que ve en cada niño necesitado, el nieto de alguien y que podría haber sido suyo. Cuando me sorprendió, Otália me dijo sonriendo: "Suellen, es bueno entender y experimentar que todos en la Tierra son

---

[8] N.A.E. "La mies es verdaderamente grande, pero los trabajadores pocos. Pídele al Señor de la cosecha, por lo tanto, que envíe obreros a su campo." (Mateo 9:37-38)

hermanos, y que amándonos y a todos es que nos sentiremos parte del universo e hijos de Dios."

- ¡Me alegro de verlos bien! - Exclamó Mary.

Llegó el día en que iban a ser trasladados. La Mansión de la Paz es transitoria. Allí los rescatados son resguardados hasta que mejoren, luego son removidos a otros Puestos y Colonias. Mary se despidió con abrazos afectuosos deseando que sientan cada vez mejor.

Mary pensaba cada vez más en trabajar en la literatura. Lo comentó a Alfredo, quien opinó:

- Mary, creo que deberías volver a la actividad de escribir. Tenemos por la Tierra varias Colonias que se dedican a esta tarea. Está para terminar tu asignación[9] trabajando en la Mansión de la Paz. Ciertamente sería un gran placer que renovases tu período y te quedaras con nosotros.

Pero tal vez deberías estudiar, hacer una pasantía en una Colonia como esas, aprender y trabajar para una literatura edificante.

- Gracias, Alfredo, por el consejo. He estado pensando mucho y creo que tengo que reparar fallas en ese campo. Si puedo hacer algo bueno para la literatura, solo tengo que agradecerles por la oportunidad. Quiero ir estudiar y trabajar. El libro enseña, y esta enseñanza puede ser buena o malo. La venta principalmente de

---

[9] N.A.E. Por lo general para los principiantes en el trabajo constructivo en el plano espiritual es tiempo para ciertos trabajos y ubicaciones, aunque esta no es una regla general. Se establece el tiempo para ciertos trabajos y lugares; no obstante, esto no sea la regla general. Solo se establece para que las Casas de Socorro se organicen, no teniendo demasiado ni escasez de ayudantes, aunque es muy difícil tener excesos. Nada impide que un trabajador continúe durante el período que quiera, renovar ese tiempo. Aquí escuchamos mucho: "Serviré en tal puesto durante diez años, durante cinco, por dos"; "Voy a hacer esto por tanto tiempo", etc.

revistas pornográficas es grande. Tenemos que mejorar con libros atractivos los buenos – dijo Mary, entusiasmada.

- Me estoy dando cuenta que tú, Mary, eres consciente de la situación. Tú incluso deberías ir a una Colonia y poner ese entusiasmo en tu trabajo –dijo Alfredo sonriendo.

Mary continuó trabajando en el puesto hasta que venció el tiempo que había sido determinado.

Cuando llegó el día de partir, Mary se despidió de los compañeros; estaba encantada. Alfredo, en nombre de todos, le deseaba éxito.

- Siempre será un placer darte la bienvenida aquí en la Mansión de la Paz.

No te olvides de nosotros. Ven a visitarnos.

- "¿Por qué", pensó Mary, "el cambio siempre es difícil? Me alegro de haber hecho un buen trabajo aquí y por la oportunidad que tuve de aprender, por haber hecho tantos amigos, y al mismo tiempo triste por déjalos, separándome de ellos. Las despedidas siempre me conmueven. Y hacer algo nuevo me da miedo. ¡Todo es una etapa en esta vida!"

Fue recibida con gran cariño en la Colonia de la Literatura[10]. Nirce la acompañó, sirviendo como cicerone. La Colonia era un solo

---

[10] N.E.A. En casi todos los países de la Tierra, hay una Colonia dedicada a la literatura, y a veces más de una. Por lo general, son simples, no grandes o iguales. Siendo la mayoría de las Colonias móviles; es decir, no son fijas, cambian de ubicación según sus necesidades. No están rodeados y solo puedes verlas si las sintonizas.

Hay bibliotecas computarizadas, con muchos títulos, réplicas de libros de encarnados y otros desencarnados, que solo en el plano espiritual es posible leer. Los aspectos más destacados incluyen salas de conferencias y aulas. Oficinas alojamientos, habitaciones, salas o gabinetes, etc.: son nombres dados a un pequeño espacio que cada uno, ya sea profesor, trabajador, ser estudiante, tener para sí mismos. Para internarte edificio, muy bien dividido, de colores suaves y con algunos pilares. Había flores de diferentes tonos en pequeños macizos de flores. Mary encontró demasiado hermoso un patio que se encontraba al aire libre, con muchas bancas, y desde allí había una maravillosa visión del infinito. Ella estaba encantada por el lugar. Después de conocer todo, Nirce la llevó a su sala de estar.

Su oficina, como Mary designó el espacio reservado para ella, tenía un escritorio, un pequeño armario y dos sillones. Ella puso sus pertenencias en su lugar. Estaba muy feliz de estar allí. Tenía una cita con el líder de la Colonia. Este la estaba esperando en el salón azul, lugar donde se reciben visitantes y recién llegados. Él la recibió con cariño:

- Mary, ¡bienvenida entre nosotros! Pronto tendremos una conferencia y te invito a asistir. Entonces tendrás treinta y cuatro horas libres antes de comenzar tu estudio. o asistirás a clases para aprender a escribir, esto ya lo sabes, pero más bien qué escribir. Vas a tener muchas actividades. Harás muchas excursiones por toda la Tierra, sabrás muchas cosas, pero también trabajará duro.

– Voy a hacer todo lo posible para servir de la mejor manera que pueda. Anhelo por aprender – respondió Mary.

Después de recibir más información, Mary fue al auditorio, donde escuchó la interesante conferencia, y luego, aprovechando su tiempo libre, fue a visitar a amigos y familiares que habían vivido junto a ella en el período encarnado y amigos que hizo en el plano espiritual.

Fue gratificante para su corazón revisar afectos, volverlos a ver, intercambiar noticias y afectos.

Mary también visitó a los nueve amigos del rescate que había hecho, quería saber de ellos. Para saber dónde estaban, pidió

---

en una Colonia como esta ya no debes tener reflejos del cuerpo físico. En ellos no se alimentan, no duermen, y el tiempo es bien aprovechado.

información, porque no estaban juntos, aunque la mayoría estaban en la misma Colonia. E hizo una visita a cada uno de ellos.

Primero estaba revisitando a María Gorete, que vivía en la escuela de la Colonia, asistió a un aula especial en la que la gente se reunió que necesitaban una aclaración más profunda sobre el sexo. Otros que, como ella, había practicado el abuso sexual, aunque pervertido. María Gorete recibió a Mary con gusto, la abrazó con cariño.

- ¡Qué visita tan agradable! Rezo por ti todos los días, pidiendo que dios te bendiga.

– Tus oraciones se convierten en fluidos que me han ayudado en las tareas del día a día. ¡Gracias! – respondió Mary sonriendo -. Pero háblame de ti. ¿Qué tal?

– Me siento muy bien aquí, trato de no recordar esos años que sufrí que pasé en esa pequeña habitación, en el Umbral. Si lo recuerdo, es para darte gracias por la ayuda que tuve y para reafirmar el propósito de no cometer más errores, no dejarme llevar por estos tristes lugares. Quiero estudiar, quiero ser útil para arreglar bien lo que aprendo aquí. Mi objetivo es encontrarme con todas las personas a las que he perjudicado, reconciliarme con ellas, y si es posible, ayudarlos, pero para esto necesito saber cómo actuar para hacer con seguridad y correctamente. Mary, ahora entiendo lo responsables que somos cuando hacemos que alguien odie, tenga rencor. ¡Hice eso!

Solo seré realmente buena, cuando pida perdón a todos, y lo feliz que estaré si soy perdonada... Sé que algunos no me perdonarán, pero insistiré en ese afecto. También trato de entender los problemas que tengo con el sexo, quiero vencer mi adicción sexual.

- La imprudencia está en el abuso - dijo Mary.

– ¡Qué triste no reconocer esto! – Exclamó María Gorete, suspirando –. Pero soy optimista, lo que he hecho está hecho, no debería tener amargura para la que no hay retorno. Pero sí ahora tengo buena voluntad de hacer el bien, reparar, construir, mejorar. Quiero caminar hasta el progreso, dar grandes pasos.

– ¿No sería mejor, María Gorete, dar pequeños pasos, en el camino correcto en vez de grandes pasos fuera de él? Tú también has hecho algo importante, te arrepientes del mal, piensas en repararte a ti misma en el bien y planeas hacerlo. Creo que tienes razón, el pasado no cambia, pero podemos planificar el futuro y construir ahora, en el presente, con amor, todo lo que tenemos que hacer.

– Y hacerlo con seguridad para que nuestros actos sean buenos. Y tienes razón, no quiero dejar en lo que puedo trabajar en el presente solo para más tarde, si tengo condiciones, y estas las podemos ordenar, hacer ahora, llevar a cabo pequeñas tareas con amor, como si fueran grandes. Lo entendí, Mary, y te lo agradezco.

Se despidieron con un abrazo. Mary entendió que siempre que hablemos con alguien tratando de ayudar, aclarar, estamos orientado. Encontró una conclusión para algo que había pasado mucho tiempo reflexionando. Solo estaba haciendo pequeñas tareas y soñando con realizar una grande. ¿Realmente sería siendo útil?

Entendió, nadie hace bien una gran acción si no entrenas en las más pequeñas. Y que lo importante es hacer las que pensamos que son insignificantes.

Mary fue a la otra parte de la escuela, donde, por haber coordinado estaban en el jardín Suellen, Armando y Benedicto. Se abrazaron felices.

- Mary, es bueno verte de nuevo. He estado queriendo visitarla, pero mi consejero me dijo que esperara, que vendrías a vernos. Quería ahora que estoy bien, agradecerte - expresó Suellen, emocionada.

- Háblenme de ustedes. ¿Qué están haciendo? – Preguntó Mary. Los tres abrieron la boca para hablar, pero fue Suellen quien respondió:

– Estoy estudiando cómo vivir desencarnada. Entonces quiero hacer un curso para aprender a valorar la vida en todas sus etapas.

¡Aborta nunca más! ¡Entonces debo tratar de reencarnar!

¿Tratar? – Preguntó Mary.

– Te recuerdo, Mary, que he tenido muchos abortos, y ahora entiendo que este acto no solo mata al feto, sino que evita que un espíritu se reencarne. Puedo tener el retorno de mis acciones y mi futura madre no me quiera y hace conmigo lo que le hice a los demás – respondió Suellen.

– Pero puedes reencarnar y ayudar a otras madres a tener hijos, esclarecer a otras para que no aborten - dijo Mary.

– ¿Será que en la ilusión de la carne, no lo olvidaré y haré todo de nuevo? Tengo miedo – expresó Suellen.

- Entonces prepárate más para reencarnar - dijo Mary, aconsejando.

– Simplemente no me gusta mucho estudiar –. respondió Suellen.

- Estudiar se convertirá en un hábito si se cultiva. ¡Haz un esfuerzo! Y tú, Armando, ¿qué estás haciendo?

– Tampoco me gusta estudiar, pero me esfuerzo por aprender. Pedí ir a un Puesto de Socorro cerca de Umbral. Tendré permiso después que haya terminado de aprender los conceptos básicos. Estoy esperando ansioso. Sabes Mary, pude visitar a mi familia. Solo Erica está bien.

Ella hizo en una de las propiedades que heredó de la tía Zefa una guardería y cuida de varios hijos. Mi esposa y mis dos hijos viven de pequeños aciertos, hacen cosas malas. Me he afligido y me siento responsable, ellos siguen mi ejemplo. Como el ejemplo es importante en la educación de un individuo. Quiero trabajar en Umbral para aprender y no perderme más, y porque todo indica que Magali y mis dos hijos, si no cambian, cuando desencarnen irán a parar allí, así que tal vez pueda ayudarlos.

Estoy con el propósito de hacer bien mi trabajo. No olvido que me ayudaste con tu trabajo y el de otros.

- Armando, te gustará trabajar en Umbral.

Te deseo éxito – dijo Mary, y, dirigiéndose a Benedicto, le preguntó: Y tú, amigo, ¿cuáles son tus planes?

– Todavía no he planeado nada, estoy estudiando y quiero disfrutar esta oportunidad. Después que mi curso haya terminado, si todavía estoy en duda, pediré ayuda a los instructores de la escuela, ellos me guiarán. Ya quería ser rescatista en el Umbral, pero no creo que sea bueno en eso. No me aflijo por ello, lo que importa es el presente y estoy disfrutando mucho aquí. También pude ver a mi familia.

Mis padres son ancianos, pronto volverán al plano espiritual y será una felicidad si puedo ayudarlos y abrazarlos. También vi a mi hijo, es un adulto, casado, con hijos, es trabajador y honesto. También me he encontrado con María Gorete. No estaremos juntos, el sentimiento que nos unió en el plano físico no era verdadero. Nos hicimos amigos.

- Tampoco estaré con Eleocácio - dijo Suellen. Pero deseo que él y otros cambien para mejor, porque es eso es lo que quiero para mí.

Hablaron unos minutos más y Mary se despidió y fue a visitar a Damián, que estaba en la misma Colonia, solo que en otro lugar. Hizo un tratamiento en una sala de hospital. Ella se extrañó y preguntó, antes de verlo, a uno de los coordinadores del lugar:

- ¿Por qué está Damián aquí? Cuando lo sacamos del Umbral, no resultó herido o perturbado.

- Damián abusó del don de la palabra. Aquí, tan pronto como comenzó a entender lo mucho que había errado, se le mostró, a petición suya, como eran las personas que recibían su maldad. Vio que algunos estaban bien, que lo perdonaron, pero que otros no; le tenían rencor u odio y sufrían. Damián se afligió y dejó de hablar, ya no quiere hacerlo. Pide que reencarne mudo y entre la gente pobre. Aquí está para tratar de entender que el remordimiento no debe ser destructivo o punitivo. Lo correcto sería que enmendara sus faltas haciendo uso de la palabra para enseñar, dar buenos consejos, ayudar, pero él no quiere. Como se respeta el libre albedrío, aquí solo intentamos aclararlo.

Mary agradeció al coordinador y fue a ver a Damián, quien la abrazó llorando.

– Damián, me alegro de verte de nuevo, pero me gustaría que hablaras.

– ¡Me alegro de verte!

- ¿Estás seguro que eso es lo que quieres? ¿Una reencarnación como mudo? – Preguntó Mary.

- ¡No confío en mí mismo! ¡Prefiero ser mudo! – Dijo Damián lentamente y se secó algunas lágrimas; luego, con un esfuerzo continuo:

– Mi voluntad actúa sobre mi periespíritu, no quiero hablar, no soy digno de hacerlo. Pero yo les digo: ¡muchas gracias!

Estoy seguro que no me estoy castigando a mí mismo, sino privándome de algo que ha sido para mí una razón para el error. Creo que solo con dolor aprenderé.

Aquí he aprovechado bien las lecciones para rebelarme. Esta vez quiero valorar la oportunidad de la reencarnación.

Mary lo abrazó y le dijo con cariño:

– Aprender por el amor es más fácil y todos tienen esta oportunidad, pero el dolor también enseña. Deseo que aprendas para que un día puedas ser un maestro.

- ¡Gracias!

De allí Mary fue a un Puesto de Socorro donde Eleocácio y Casio los dos eran pasantes en esta Casa de Socorro.

Trabajaban y estudiaban en un aula especial con otras personas que se habían infringido, mientras estaban encarnados, leyes cívicas, morales y, en consecuencia, espirituales. Ambos la recibieron contentos.

- Mary, llevo mucho tiempo queriendo verte de nuevo - expresó Eleocácio.

- ¿Cómo están ustedes? ¿Te gusta aquí? - Preguntó.

- Prefiero estar en la Colonia - respondió Casio.

Pero es aquí que Eleocácio y yo tenemos que quedarnos un tiempo para aprender. Ésta Casa de Socorro ayuda en gran medida al muchos encarnados que están presos en una gran casa de detención y a los desencarnados que se sienten presos.

Mary, hemos visto a algunas personas inocentes en prisión, solo que nada es injusto, eran criminales en otras existencias y no fueron castigados. Está siendo muy bueno para mí ver estos hechos y tratar de ayudar.

Tal vez, quién sabe después de ver, sentir todo esto, reencarnando no cometa más injusticias. Antes de volver al plano físico quiero hacer un tratamiento para saber por qué era homosexual. No quiero serlo la próxima vez.

Eleocácio sonrió, estaba tranquilo y dijo:

- Mary, estoy aprendiendo mucho aquí. Tuve la bendición de pedir perdón a Vanilda y a otras dos personas a las que hice daño. Me han perdonado.

Quiero encontrar a los demás y pedir perdón. ¿Sabes lo que hice el domingo?

Fui a visitar a mi familia. Están bien, el esposo de Iva es una buena persona.

Pronto terminaremos nuestra pasantía aquí, pero pedí quedarme, quiero trabajar más duro en este lugar. Entonces voy a pedir estudiar para reencarnar. Estoy agradecido por lo mucho que recibo, no merecía estar aquí, estoy por la bondad de Dios.

– Eleocácio, te lo mereces, sí, estás luchando, lo has estado haciendo bien, nuestro instructor incluso lo elogió – dijo Casio.

– Eso es genial, el trabajo constructivo es una bendición que no hay que despreciar. ¡Les deseo éxito! – Exclamó Mary, despidiéndose.

De ahí fue a visitar a Ademir, que estaba en otra Colonia. Él la recibió emocionado.

- ¡Mi querida socorrista! ¡Es bueno verte de nuevo! Estás muy bien, más bonita con este atuendo. Me alegro que hayas venido a verme.

En primer lugar, muchas gracias. ¡Cómo el trabajo de rescatista es importante! Quiero servir en Umbral. Ciertamente tengo mucho que aprender a hacer un buen trabajo de esa responsabilidad.

- Es bueno verte bien. ¿Qué estás haciendo? – Preguntó Mary.

- ¡Aprendo! Estamos agrupados en un aula, nosotros, espíritus que abusamos del término religioso. Dividimos el tiempo entre el estudio y el trabajo. Ayudamos a otros que han cometido errores como nosotros. Es bastante triste usar una religión para ocultar la imprudencia cometida. Querer aprender a seguir una sin fanatismo, con sinceridad, y por ella hacer el bien por mí y por los demás. Quiero tener paz, pacificar para ser pacificador. ¿Quiero demasiado?

– No, creo que deberías planificar y ejecutar. Solo planifica y no hacer es soñar en vano, no aprovechar oportunidades. Cuando queremos, trabajando para ello con honestidad y amor, logramos y tú, Ademir, tendrás éxito. Son los que buscan la paz, pacificadores, que serán llamados hijos de Dios – se expresó Mary tranquilamente.

– Mary, pedí que me quedara en esta Colonia porque aquí tengo cómo visitar más a mi familia. ¡Qué lindo es verlos!

Ellos nunca me olvidaron, hablan de mí con cariño. Simplemente no saben acerca de los errores que he cometido incluso si sufrí tanto tiempo después de mi desencarnación.

Creo que si mi esposa lo supiera, si hubiera podido, habría querido sufrir en mi lugar. Pero eso no es posible, ¿verdad?

– No, Ademir, no lo es – respondió Mary –. Si pudiésemos pagar deudas, sufrir en lugar de otro, y si Dios aceptara, sería injusto.

Nadie sufre por otro, somos dueños absolutos de nuestros actos.

Nadie puede renunciar al egoísmo en nuestro lugar, nadie puede amor por nosotros y no podemos hacerlo el uno por el otro. ¿Entendiste?

Si no cometemos errores en el lugar del otro, no podemos obtener la reacción por él. Solo tenemos que deshacer lo que hicimos mal y lograr lo que no se aseguró.

Cuando Mary tuvo que visitar a Zefa, se despidió de Ademir, deseándole que pudiera llevar a cabo sus planes.

Él la abrazó con cariño. Luego fue a la Colonia donde se refugian los ex suicidas. Estas Colonias son muchas, dispersas por toda la Tierra.

Desafortunadamente, hay muchas personas imprudentes que matan su cuerpo físico. Y Zefa era considerada suicida, ella no fue quien cometió el acto, sino que pagó, mandó a otro a hacerlo. También en ciertos lugares estos rescatados están en Colonias comunes, pero en lugares separados de los demás, solo se agrupan cuando están bien y adaptados. Pero la mayoría de los ex suicidas, tras el rescate, van a sus propias Colonias, donde tienen un estudio diferenciado para que aprenda a dar más valor a la vida y etapas de la encarnación.

La Colonia en la que estaba Zefa era muy agradable, con muchos jardines, rincones y grietas de rara belleza donde el agua fluye de las fuentes, hay flores en macizos y árboles que dan sombra. Y fue en el jardín que Zefa la estaba esperando.

- ¡Mary! ¡Qué alegría! - Se abrazaron.

- ¿Cómo estás, Zefa?

- Estoy bien, gracias a ti. Muchas gracias. Pero qué hay de ti, ¿cómo estás? – Preguntó Zefa cariñosamente.

- Bien, gracias. Aquí es muy hermoso – respondió Mary.

– Estoy muy bien aquí y estoy agradecida por todo lo que he recibido.

Esta Colonia tiene muchos departamentos, muchas aulas, bibliotecas, salas de conferencias y el hospital es enorme. Los que están mejor, como yo, estudian y ayudamos en las enfermerías.

Y tus amigas Olga y Mary José, ¿qué sabes de ellas?

– Vanilda vino a verme, dijo que tenía que pasar por esos sufrimientos, fue reacción de acciones equivocadas del pasado.

Olga desencarnó poco después de mí, también sufrió por no haber perdonado. María José años más tarde se convirtió en espírita, perdonó de corazón, se arrepintió por haber tenido tanto rencor y cuando desencarnó fue ayudada.

Vinieron a visitarme y lamentamos juntos no haber perdonado.

Seguimos siendo amigas. Lucía también hizo su paso de plano, vive con sus padres, está bien.

- ¿Has visto a tu esposo y a Julieta? – Preguntó Mary.

- Vienen a visitarme. Mary, qué terrible error comete quien piensa que al suicidarse, estará cerca de sus afectos en el plano espiritual. Los dos, mi esposo y mi hija, viven juntos en otra Colonia, están bien, son felices y trabajan; todavía no puedo estar con ellos.

Les pedí perdón también, a Adauto por traicionarlo, y me dijo que siempre lo supo y me había perdonado. Julieta me perdonó por vengarme por ella. Mi hija me dijo que hizo todo lo posible para que yo desistiera de las ideas de venganza, incluso en un enorme esfuerzo hecho que yo recuerdo una reunión con ella, quien me pidió que no me comprometiera en esos asesinatos. Fue el sueño que tuve. Me dijeron que siempre tuvieron noticias de mí cuando estuve en Umbral y que desafortunadamente no pudieron ayudarme. Cuando no quieres la ayuda, no es fácil de tenerla. A veces queremos una cosa, pero necesitamos otra.

Los quiero mucho, siempre es una alegría inmensa verlos de nuevo. Espero aprender a valorar el período encarnado, la vida y el amor cada vez más. Pero, solo estoy hablando de mí.

¿Sigues sirviendo en la Mansión de la Paz?

– El tiempo de mi trabajo se terminó y pedí estudiar y trabajar con la literatura. Quiero aprender y servir en esta área, me encanta escribir. Más allá de este entorno literario ciertamente tendré más facilidad de ayudar si tal vez alguien, por mis escritos, haya cometido errores.

- ¿Cómo yo? Lo siento, Mary. Disculpa – dijo Zefa.

– ¡Lo que he hecho, hecho está! – Exclamó la visitante.

Me alegro si puedes ayudar a alguien que hizo algún acto indebido al haberlo leído. Pero mi principal objetivo es aprender y, como tú, soy muy agradecida por eso.

– ¿Es hermosa esta Colonia de estudio? – Preguntó Zefa.

- ¡Muy bonita! Diferente de aquí. Admiro esta diversidad de lugares en el plano espiritual – respondió Mary.

– Me alegro por ti, Mary, y te deseo de corazón que este estudio sea beneficioso para ti.

- ¡Gracias, Zefa! También deseo que siempre mejores.

Se abrazaron. Mary la miró agradecida; Zefa fuera la única de los nueve que preguntó cómo estaba, queriendo escucharla. Pensó:

"Siempre queremos hablar y no siempre escuchar."

Mary regresó a la Colonia que sería su hogar durante mucho tiempo.

Pasaron dos horas antes de comenzar su primera clase. Se sentó en una banca en el pequeño y bien cuidado jardín y se puso a pensar en la conferencia que había escuchado allí, la primera a la que había asistido en esa Colonia de estudio.

Quien lo pronunció fue un estudioso que, encarnado, había sido un conocido escritor.

Tuvo éxito. Había escrito muy bien, libros que enseñan, aclaran; fue un autor edificante, que había logrado pasar a través de sus escritos todo su amor al Creador.

Habló de su experiencia, que no fue fácil; tuvo que abandonar muchas cosas, compañeros, por la verdad; había sido perseguido, pero había seguido manteniéndose firme en sus convicciones. Él amara profundamente lo que hacía y continuaba amando. Era un gran ejemplo a seguir: si uno puede, todos pueden también. Y Mary guardó como tesoro la oración que este caballero hizo al final, que, como él dijo, era la oración que suele hacer y que hizo desde que estaba encarnado.

Mary memorizó lo que juzgaba más importante:

"Dios, guíame a través de la oscuridad.
Ilumina mi camino.
Dame la fuerza para caminar por el estrecho camino de la salvación.
Guíame para no juzgarme peor o mejor que nadie.

Que ninguna injusticia me haga injusto.
Que la ingratitud no me haga ingrato.
Que ningún mal que venga a recibir me haga daño.
Que yo, Mi Dios, prefiera recibir todas las injusticias y males que hacer una sola.
Ayúdame a servir, incluso en pequeñas obras, y ayúdame superar el egoísmo de querer ser servido.
¡Oh, Dios mío! Que pueda ser feliz sirviendo con Amor, sin, sin embargo, olvidarme de hacer la felicidad de los demás.
¡Haz de mi vida un reflejo luminoso de Tu Luz!"

Mary suspiró, se alegró de estar allí, por la oportunidad aprendiendo, haciendo lo que le gustaba. Era hora de ir a su primera clase. Se levantó de la banca, sonrió y exclamó suavemente:

"¡Gracias, Dios mío!"

**Libros de Vera Lúcia Marinzeck de Carvalho
y Patricia**

Violetas en la Ventana

Viviendo en el Mundo de los Espíritus

La Casa del Escritor

El Vuelo de la Gaviota

**Vera Lúcia Marinzeck de Carvalho
y Antônio Carlos**

Amad a los Enemigos

Esclavo Bernardino

la Roca de los Amantes

Rosa, la tercera víctima fatal

Cautivos y Libertos

Aquellos que aman

La Casa del Acantilado

La Gruta de las Orquídeas

La Mansión de la Piedra Torcida

Grandes Éxitos de Zibia Gasparetto

Con más de 20 millones de títulos vendidos, la autora ha contribuido para el fortalecimiento de la literatura espiritualista en el mercado editorial y para la popularización de la espiritualidad. Conozca más éxitos de la escritora.

Romances Dictados por el Espíritu Lúcio

La Fuerza de la Vida

La Verdad de cada uno

La vida sabe lo que hace

Ella confió en la vida

Entre el Amor y la Guerra

Esmeralda

Espinas del Tiempo

Lazos Eternos

Nada es por Casualidad

Nadie es de Nadie

El Abogado de Dios

El Mañana a Dios pertenece

El Amor Venció

Encuentro Inesperado

Al borde del destino

El Astuto

El Morro de las Ilusiones

¿Dónde está Teresa?

Por las puertas del Corazón

Cuando la Vida escoge

Cuando llega la Hora

Cuando es necesario volver
Abriéndose para la Vida
Sin miedo de vivir
Solo el amor lo consigue
Todos Somos Inocentes
Todo tiene su precio
Todo valió la pena
Un amor de verdad
Venciendo el pasado

Romances de Arandi Gomes Texeira y el Conde J.W. Rochester

El Condado de Lancaster
El Poder del Amor
El Proceso
La Pulsera de Cleopatra
La Reencarnación de una Reina
Ustedes son dioses

Libros de Eliana Machado Coelho y Schellida

Corazones sin Destino
El Brillo de la Verdad
El Derecho de Ser Feliz
El Retorno
En el Silencio de las Pasiones
Fuerza para Recomenzar
La Certeza de la Victoria
La Conquista de la Paz
Lecciones que la Vida Ofrece
Más Fuerte que Nunca
Sin Reglas para Amar
Un Diario en el Tiempo
Un Motivo para Vivir

¡Eliana Machado Coelho y Schellida, Romances que cautivan, enseñan, conmueven y pueden cambiar tu vida!

Libros de Vera Kryzhanovskaia y JW RochEsther

La Venganza del Judío

La Monja de los Casamientos

La Hija del Hechicero

La Flor del Pantano

La Ira Divina

La Leyenda del Castillo de Montignoso

La Muerte del Planeta

La Noche de San Bartolomé

La Venganza del Judío

Bienaventurados los pobres de espíritu

Cobra Capela

Dolores

Trilogía del Reino de las Sombras

De los Cielos a la Tierra

Episodios de la Vida de Tiberius

Hechizo Infernal

Herculanum

En la Frontera

Naema, la Bruja

En el Castillo de Escocia (Trilogia 2)

Nueva Era

El Elixir de la larga vida

El Faraón Mernephtah

Los Legisladores

Los Magos
El Terrible Fantasma
El Paraíso sin Adán
Romance de una Reina
Luminarias Checas
Narraciones Ocultas
La Monja de los Casamientos

Libros de Elisa Masselli
Siempre existe una razón
Nada queda sin respuesta
La vida está hecha de decisiones
La Misión de cada uno
Es necesario algo más
El Pasado no importa
El Destino en sus manos
Dios estaba con él
Cuando el pasado no pasa
Apenas comenzando

Libros de Mónica de Castro y Leonel

A Pesar de Todo

Con el Amor no se Juega

De Frente con la Verdad

De Todo mi Ser

Deseo

El Precio de Ser Diferente

Gemelas

Giselle, La Amante del Inquisidor

Greta

Hasta que la Vida los Separe

Impulsos del Corazón

Jurema de la Selva

La Actriz

La Fuerza del Destino

Recuerdos que el Viento Trae

Secretos del Alma

Sintiendo en la Propia Piel

World Spiritist Institute
https://iplogger.org/2R3gV6